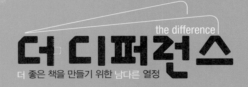

the difference

더 디퍼런스

더 좋은 책을 만들기 위한 남다른 열정

혁신 개정판

Just
GRAMMAR

MG
1A

저자 소개

신석영
現 아일랜드 교육 대표
아일랜드 교육공학 연구소장

주요저서

Just Reading 1, 2, 3 (전 3권)
Just Grammar Starter 1, 2, 3 (전 3권)
I can Reading 1, 2, 3, 4 (전 4권)
I can Grammar 1, 2, 3, 4 (전 4권 / 메가스터디 Mbest 인터넷 강의교재)
Easy I can Grammar 1, 2, 3, 4 (전 4권)
한국에서 유일한 중학 영문법 (전 6권)
한국에서 유일한 고교 영문법 (전 2권)
Easy I'm your grammar (원서 전 3권 / 대만 수출 / 메가스터디 Mjunior 인터넷 강의교재)
Easy I'm your grammar Workbook (전 3권)
You're my grammar (원서 전 3권)
You're my grammar Workbook (전 3권)

혁신 개정판

Just Grammar MG 1A

지은이	신석영
발행인	조상현
발행처	더디퍼런스

등록번호	제2015-000237호
주소	서울시 마포구 마포대로 127, 304호
문의	02-725-9988
팩스	02-6974-1237
이메일	thedibooks@naver.com
홈페이지	www.thedifference.co.kr

ISBN 979-11-86217-13-9 (53740)

혁신 개정판

Just
GRAMMAR

신석영 지음

MG
1A

더디퍼런스

"영어는 세계의 동서남북을 한꺼번에, 내다볼 수 있는 마법의 창문이다." – 인도 수상 네루

그렇습니다. 책이 사람의 인생을 바꿀 수 있고, 책을 통해 전 세계를 여행하며, 영어를 통해 전 세계와 의사소통할수 있습니다. 학생 여러분들이 필수적으로 갖추어야 할 생활 도구의 하나가 바로 영어가 아닐 수 없습니다.

요즘에는 '문법 무용론'을 주장하는 사람들도 있지만, 앵무새처럼 몇 마디 따라 말하고 일상 회화 정도를 하려고 영어를 공부하지 않을 것입니다. 특히 우리나라의 영어교육의 환경이 'EFL(English as a Foreign Language)', 즉, "외국어로서의 영어" 환경임을 제대로 이해하는 사람이라면 제 2외국어로써 무엇보다도 문장을 이해하는 것이 우선되어야 한다는 것은 기본이자, 상식입니다.

모국어로 영어를 습득할 수 있는 단계가 지나버린 우리 학생들에게는 오히려 인지 능력이 덜 형성된 상태이기 때문에, 성인 학습자들보다 학습 능력이 훨씬 떨어진다는 연구 결과를 발표한 학자들도 있습니다. 그러므로 '학생들이 무분별한 학교 교육 또는 어학원 영어, 그리고 외국인이면 무조건 받아들이는 관행으로는 오히려 학습 장애를초래하는 결과를 낳을 수도 있습니다.

문법은 필요한 학습이지만, "올바른" 학습 방법이 아니면 의미가 없다!

문법 교육에 있어서는 '어떤 교재로 가르치느냐?, 누가 가르치느냐?'하는 것은 굉장히 중요한 사항입니다. 영어 실력도 중요하지만 무엇보다도 아이들의 특성을 이해하고 인지 발달 단계와 언어 학습 원리에 맞게 가르칠 수 있는 최적의 교재가 필요합니다. 수업에 대해 좋고 나쁨을 판단할 비판적 사고가 부족한 학생들에게 단지 시간과 비용만 투자한다고 해서 실질적으로 도움을 준다고 볼 수는 없습니다.

Just Grammar(혁신 개정판) 시리즈는 대한민국 영어교육의 최전선에서 현장강의를 통해 오랜 세월동안 직접 가르치며 만들었습니다. 입시학원과 외국어 학원 그리고 MBC 방송 강의를 통해서 실제 검증된 교수법을 바탕으로 학생들에게 가장 최적화된 학습물인 Just Grammar(혁신 개정판) 시리즈를 가만히 내놓습니다.

이 책의 특징은 다음과 같습니다.

첫째, 현행 중학교 영어 교과서 문법 내용을 중심으로 실용적인 문법 사항들을 체계적으로 편성했습니다.

둘째, 각 영어 교과서를 철저히 분석하여, 반드시 알아야 하는 내용을 짜임새 있게 엮었습니다. 또한 현실감 있는 상황에서 실제로 자연스러운 문법을 구사하는 연습을 할 수 있습니다. 문법 문제 하나하나를 일상적인 상황에서 활용할 수 있는 능력을 향상시키고, 학생의 흥미를 이끌 수 있는 활동으로 구성하였습니다.

셋째, 점점 중요성이 높아져 가고 있는 학교 내신 영어시험의 서술형 문제들에 효과적으로 대비할 수 있도록 서술형 기본 대비에서 실전 서술형, 논술형 문제까지 완벽 대비할 수 있도록 하였습니다. 특히, 학교에서 출제된 기출 응용문제와 교육청 출제 경향에 맞춘 다양한 문제들로 채워 서술형에 대한 고민을 완벽히 해결하였습니다.

넷째, 문법학습의 궁극적인 목표는 스피킹입니다. Super Speaking 코너를 통해 지금까지 배운 문법 사항을 스피킹으로 마무리할 수 있게 구성하여 자연스럽게 스피킹 시험에 대비할 수 있게 하였습니다.

"Just Grammar 혁신 개정판"이 출간되기까지 더 좋은 책을 위해 헌신의 노력을 다해주신 더디퍼런스 관계자 여러분들에게 고개 숙여 깊은 감사를 드립니다. 부디 이 책을 통해서 모든 학습자들이 영어에 대한 자신감을 얻어 내신 성적 향상은 물론, 더 이상 영어로 인해 힘들어하지 않고 이것이 문법의 마지막 공부가 될 수 있기를 희망합니다. 마지막으로 항상 옆에서 힘이 되어주는 내 가족, 힘들어도 묵묵히 응원해준 내 아내 미선이, 그리고 아빠에게 언제나 용기와 희망을 주는 서윤이와 강민이에게 깊은 감사와 사랑을 전합니다.

신석영

About Just Grammar

학교 내신·서술형 문제를 뛰어넘어 Speaking과 Writing을 대비할 수 있는 교재

기존의 교재들은 문법 설명을 장황하게 설명하여 이해하기도 쉽지 않고 문법 중심 객관식 문제나 단편적인 단답형 주관식 문제들만 나열하고 있어 실제 학습효과를 기대할 수 없으나 Just Grammar 혁신 개정판 시리즈는 각 학년에서 중요하게 다루고 있는 문법 세부 항목을 체계적으로 정리하였고 쉬운 문법 문제에서 서술형 기초다지기 그리고 신경향 실전 서술형 평가문제들을 담았습니다. 그 어떤 교재에서도 찾아볼 수 없는 Super Speaking 코너에서는 배운 문법 내용을 실제 원어민들이 사용하는 말하기 연습을 할 수 있도록 구성한 국내 유일한 교재입니다.

1단계 문법 해설

Preview를 통한 대표 예문만 봐도 영문법의 개념을 이해할 수 있고 예문 중심으로 설명한 문법 설명은 머리에 쏙쏙! 어려운 문법 용어와 난해한 설명 방식에서 탈피하여 새로운 방식으로 문법의 줄기와 핵심을 잡아줄 것입니다. 참신한 예문은 실제 원어민들이 자주 사용하는 표현들을 담았습니다.

2단계 기본기 탄탄 다지기

배운 핵심 문법을 올바로 이해하였는지 바로 확인할 수 있는 연습 문제, 쉽고 재미있는 기본 문제들로 구성되어 문법에 대한 자신감이 쭉쭉! 올라갑니다.

3단계 서술형 기초 다지기

앞서 배운 Unit을 다시 점검할 수 있는 다양한 문제들을 구성하여 문법 개념을 확실히 이해할 수 있도록 하였습니다. 이를 통해 서술형 문제에 대비할 수 있도록 하였으며 문제의 난이도가 한 단계 업그레이드되어 실제 시험 유형의 문제로 내신에 대비할 수 있게 됩니다. 단순한 문법 연습이 아닌 응용, 심화 과정으로 발전해나간 누적식 구성이므로 모든 앞 내용이 자연스럽게 반복되어 충분한 학습 효과를 볼 수 있습니다.

4단계 Oral Test

학습한 문법 개념을 스스로 질문에 답을 하거나 현장 수업에서는 학생들이 답을 직접 말하며 대답하는 질의응답 형식의 test입니다. 하나의 Chapter가 끝난 후 또는 다음 Chapter를 공부하기 전 복습용으로 사용해도 좋습니다. 문법 개념에 대한 질문을 정확히 답을 하지 못할 때 다시 한 번 복습해야 한다는 것을 잊지 마세요!

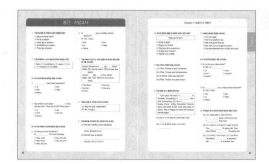

5단계 중간·기말고사

해당 Chapter 학습을 마치고 학습 성취도를 평가할 수 있는 실전 문제, 심화 문제로 구성하였습니다. 실제 학교 시험을 철저히 분석하여 자주 출제되는 필수 문법 문제들로 수록하였습니다. 다양한 유형의 교과서 기출 문제와 서술형 문제까지 해결함으로써 내신 성적 향상에 큰 도움이 될 것입니다.

6단계 Grammar in Reading

독해 지문 안에 생생한 문법이 쏙쏙, 문법에 대한 개념의 이해와, 응용력이 생긴 이때 다양한 독해 지문을 통해 배운 문법을 독해에 즉시 활용하여 적용할 수 있도록 구성하였습니다.

7단계 Super Speaking

학습한 문법 내용을 Speaking에 적용하여 스피킹 영역에도 소홀함이 없게 구성하였습니다. Just Grammar 혁신 개정판 시리즈로 리딩, 라이팅, 스피킹을 연계하여 자연스럽게 전 영역을 아울러 학습하도록 구성하였습니다.

8단계 실전 서술형 평가문제

실제 학교에서 출제된 서술형 응용문제와 교육청 출제경향에 맞춘 서술형 평가대비 문제로, 학생들의 사고력과 창의력을 길러줍니다. 해당 Chapter에서 출제될 가능성이 있는 서술형 문항을 개발하여 각 학교의 서술형 평가문제에 철저히 대비할 수 있도록 하였습니다. 단순 암기에서 벗어나 직접 써보고 생각해 볼 수 있는 코너입니다.

9단계 워크북

보충자료 워크북을 활용하여 Just Grammar 1에 해당하는 모든 문법사항을 최종 정리하며 복습할 수 있습니다. 본책에 해당하는 문법사항 중 시험 적중률이 높은 유형의 문제들을 뽑았습니다. 숙제나 자습을 통해 보충하기에 좋은 자료입니다.

해설집 + 워크북 무료!

CONTENTS

Prep
문장이
뭐예요?

Unit 1 • 문장의 기본과 주어

Kathy studies Korean.
주어
Kathy는 한국어를 공부한다.

He is an English teacher.
주어
그는 영어선생님이다.

① 흩어져 있던 단어가 주어, 동사, 목적어, 보어 등과 같이 일정한 순서로 모여 '의미'를 전달할 수 있는 것을 문장이라고 해요.

The cat. (문장 X) 고양이

She is kind. (문장 O) 그녀는 친절하다.

The food is delicious. (문장 O) 그 음식은 맛이 있다.

② 주어는 '누가' 또는 '무엇이'에 해당하는 말로, 주로 문장의 맨 앞에 위치해서 문장을 이끌어 줍니다.

Harry is a smart boy. Harry는 영리한 소년이다.

He wants an apple. 그는 사과 하나를 원한다.

나!
주인이야!

동사

목적어

기본기 탄탄 다지기

1 단어들이 모여 하나의 의미를 전달할 수 있는 것을 무엇이라고 하나요?

① 주어   ② 동사   ③ 문장   ④ 보어

2 다음 문장에서 주어를 찾아 빈칸에 쓰세요.

(1) My mother reads a newspaper. _____

(2) I eat spaghetti on Sundays. _____

(3) He goes to school every day. _____

(4) Sunny exercises in the morning. _____

(5) The food is delicious. _____

▶명사와 대명사가 주어 역할을 할 수 있고, 문장 맨 앞, 즉 동사 앞에 위치가 고정되어 있어요.

newspaper n. 신문
exercise v. 운동하다

Unit 2 ● 동사와 목적어

Ava eats breakfast every morning.
동사
Ava는 매일 아침 식사를 한다.

My father reads a newspaper.
목적어
나의 아빠는 신문을 읽는다.

① 동사는 움직임이나 상태를 나타내는 말이에요. 아침에 일어나서 잠을 잘 때까지 학교 가고, 공부하고, 놀고, 밥 먹는 것 등 우리의 일과를 동사를 사용해서 나타낼 수 있답니다. 이처럼 동사는 영어에서 중요하다는 것을 알 수 있겠죠?

Harry **went** to the national park. Harry는 국립공원에 갔다.

She **sings** very well. 그녀는 노래를 매우 잘한다.

Our teacher **is** very strict. 우리 선생님은 매우 엄하시다.

동사

② 목적어는 '누구를', '무엇을'에 해당하는 말로 주로 동사 바로 뒤에 위치해서 그 동작의 대상, 목적이 돼요.

I love **my mother**. 나는 나의 엄마를 사랑한다.

She likes **sports**. 그녀는 스포츠를 좋아한다.

목적어

기본기 탄탄 다지기

1 동사를 찾아 동사에 동그라미를 그려 보세요.

(1) The beach looks beautiful.

(2) Summer is my favorite season.

(3) Bob likes hamburgers.

(4) My dad works at a bank.

> favorite a. 가장 좋아하는
> season n. 계절, 시기

2 다음 문장에서 목적어가 있으면 O, 없으면 X로 표시하세요.

(1) I like you. _____

(2) She is pretty. _____

(3) Mom loves flowers. _____

(4) The children studied hard. _____

(5) Vicki wants puppies. _____

> ▶ 명사나 대명사가 목적어 역할을 할 수 있으며, 동사 바로 뒤에 위치가 정해져 있어요.
>
> puppy n. 강아지

Unit 3 ● 보어와 수식어구

She is **happy**.
보어
그녀는 행복하다.

My younger sister is **a wrestler**.
보어
내 여동생은 레슬링 선수이다.

① 보어는 주어를 보충해서 설명하는 말로 주로 어떤 사람이나 사물의 상태를 설명해 주는 역할을 합니다. 주로 be동사(am, are, is) 뒤에 위치하는 명사나 형용사가 보어 역할을 해요.

I was **sick** yesterday. 나는 어제 아팠다.
The sky is **blue**, and the air is **clean**. 하늘은 푸르고, 공기는 깨끗하다.
Peter and Kelly are **diligent**. Peter와 Kelly는 부지런하다.
My older sister is **a nurse**. 나의 언니는 간호사이다.

She is happy.

② 다른 단어를 꾸며주는 말로, 주어, 동사, 목적어, 보어의 앞뒤에 붙어 꾸며주는 역할을 하는 것을 수식어(구)라 해요.

I want a **new** computer. 나는 새 컴퓨터를 원한다. (명사 수식)

He runs **fast**. 그는 빨리 달린다. (동사 수식)

꾸며주는 역할을 할 수 있는 품사는? 형용사, 부사입니다.

기본기 탄탄 다지기

1 주어를 '보충' 설명해주는 보어 역할을 할 수 있는 품사를 찾아서 쓰세요.

ugly	want	apple	beautiful
small	good	love	go
come	is	happy	play

_____

2 밑줄 친 단어의 문장성분을 괄호 안에서 골라 표시하세요.

(1) He likes <u>sports</u>. (보어 / 목적어)

(2) The pretty girl is <u>Yoon-seon</u>. (목적어 / 보어)

(3) We read *Harry Potter*. (목적어 / 보어)

(4) Jane and Mi-seon are good <u>friends</u>. (보어 / 목적어)

(5) Eun-seon is very <u>smart</u>. (목적어 / 보어)

(6) I have <u>a sister</u>. (보어 / 목적어)

pretty a. 예쁜
smart a. 영리한

1 다음 중 문장이 성립하면 O표, 성립하지 않으면 X를 표시하세요.

(1) The dog. _____

(2) She likes Tom. _____

(3) Drives a car. _____

2 밑줄 친 부분이 문장 안에서 어떤 역할을 하는지 써보세요.

(1) She loves the man. _____

(2) He made the box. _____

(3) The man in the bookstore is handsome. _____

(4) I have some books. _____

3 밑줄 친 부분이 목적어이면 '목', 보어이면 '보'라고 쓰세요.

(1) I drive my car. _____

(2) You are handsome. _____

(3) Christina eats breakfast. _____

(4) He is a lawyer. _____

4 다음 중 의미가 전달되는 올바른 문장을 고르세요.

① Her the man likes.   ② Blue the is sky.

③ My mother is a pianist.   ④ Computer is a it.

5 다음 중 보어가 쓰이지 않은 문장을 고르세요.

① My cousin is a magician.   ② My friends like soccer.

③ You look happy.   ④ They are sad.

⑤ The man is poor.

6 주어진 단어를 활용하여 문장을 완성해 보세요.

(1) (came / she) from Italy.   ➡ _____ from Italy.

(2) Seoul (a / city / big / is)   ➡ Seoul _____.

7 다음 빈칸에 알맞지 <u>않은</u> 것을 고르세요.

> I _____ every morning.

① wash my feet   ② read a newspaper

③ get up early   ④ go to school

⑤ pizza very much

8 밑줄 친 부분이 목적어인지 보어인지 구분하여 쓰세요.

(1) The beautiful girl is <u>Sunny</u>.   _____

(2) She reads <u>a comic book</u>.   _____

(3) You are <u>a good cook</u>.   _____

(4) She is very <u>young</u> and <u>small</u>.   _____

(5) The kind girl is <u>Korean</u>.   _____

9 밑줄 친 부분이 목적어로 쓰이지 <u>않은</u> 것을 고르세요.

① I meet <u>John</u> every day.   ② My best friend is <u>John</u>.

③ She can speak <u>English</u>.   ④ We love <u>our English teacher</u>.

⑤ Bob eats two <u>hamburgers</u>.

10 다음 글의 내용으로 보아 빈칸에 알맞지 <u>않은</u> 것을 고르세요.

> I have a puppy. His name is Bokmani. He is very small and weak. He looks cute. He likes bones. I love him very much.
>
> ➡ Bokmani is _____.

① small   ② cute   ③ a puppy

④ bones   ⑤ weak

Oral Test

Challenge 1 문장이 무엇인지 말할 수 있나요?

단어들이 모여 하나의 의미를 전달할 수 있는 순서로 모여 있는 것을 [   ]이라고 합니다.

Challenge 2 주어가 문장에서 어떤 역할을 하나요?

문장의 주체가 되는 말로써 '누가?'에 해당하는 말을 [   ]라고 합니다.

 ex. **She** is pretty. = ～는 예쁘다. → 누가? (주어: [   ]) → 그녀는 예쁘다.

주어 자리에 올 수 있는 품사는 무엇인가요? [   ], [   ]

Challenge 3 동사가 뭐예요?

주어가 하는 '행동' 또는 주어에 대한 '상태'를 나타내는 것을 [   ]라고 합니다.

 ex. I **like** ice cream. = 나는 ～한다 아이스크림을 → ～을 좋아한다? (동사: [   ])
        → 나는 아이스크림을 좋아한다.

Challenge 4 목적어는 문장에서 어떤 역할을 하나요?

목적어는 동사 다음에 위치하여 '무엇을/누구를'에 해당하며 동작, 행동의 [   ]이 됩니다.

 ex. I want a **bicycle**. = 나는 원한다 ～를 → 무엇을? (목적어: [   ]) → 나는 자전거를 원한다.

목적어 자리에 올 수 있는 품사는 무엇인가요? [   ], [   ]

Challenge 5 보어가 무엇인지 말할 수 있나요?

보어는 [   ]를 '보충' 설명하는 말로 동사 다음에 위치합니다.

 ex. **She** is **ugly**. = 그녀는 ～하다 → 어떻다? (보어: [   ]) → 그녀는 못생겼다.

보어 자리에 올 수 있는 품사는 무엇인가요? [   ], [   ]

She is ugly.

17

중학생이 되었어요.

Hello, everyone. I'm very happy to meet you. My name is Joo Mi-seon. I _____ 13 years old. I _____ from Busan. It's a beautiful city. Today is a very special day. It is my first day in the middle school. I'm happy to meet new friends in the middle school. I _____ very excited now.

There are many differences in a middle school from an elementary school. In the elementary school, I had only one teacher, but I can study with many teachers in the middle school. In the elementary school, I didn't wear a uniform. In the middle school, I have a uniform. Also, I have many new friends. It is very fun.

1 윗글의 빈칸에 공통으로 들어갈 알맞은 be동사를 고르세요.

① are   ② is   ③ was   ④ were   ⑤ am

2 윗글에서 'I'가 언급한 내용과 일치하는 것을 고르세요.

① 초등학교 때 교복을 입었다.

② 중학교에서는 담임선생님이 한 분이다.

③ 중학교의 새로운 선생님들을 좋아한다.

④ 중학교 생활이 재미있다.

⑤ 초등학교 때 친구들이 별로 없었다.

Chapter 1
be동사
& 대명사

Unit 1 • be동사의 의미

Eric is a dentist now.
Eric은 지금 치과의사이다.

He is happy with his job.
그는 그의 직업에 행복해하고 있다.

1 be동사는 주어의 움직임을 나타내기보다는 주어의 성질이나 상태를 표현하는 동사예요.
우리말의 '~이다, ~있다'라는 뜻이에요.

She **is** beautiful. 그녀는 아름답다.

The children **are** in the library. 그 아이들은 도서관에 있다.

Olivia **is** an elementary school student. Olivia는 초등학생이다.

2 be동사 뒤에 '명사, 형용사'가 오면 '~이다'의 뜻이지만, be동사 뒤에 '장소부사, 전치사'가 오면 '~에 있다(존재한다)'의 뜻이 돼요. here(여기에), there(저기에) 등이 자주 쓰입니다.

She is **at** the park now. 그녀는 지금 공원에 있다.

Lucy is **here**. Lucy는 여기에 있다.

The bank is **next to** the bookstore. 은행은 서점 옆에 있다.

나 여기있다

전치사 부사

기본기 탄탄 다지기

1 빈칸에 알맞은 말을 쓰세요.

be동사의 뜻은 크게 _____, _____ 의 뜻을 나타내요.

2 다음 문장에서 밑줄 친 'be동사'의 뜻을 적어보세요.

ghost n. 귀신, 유령	
classroom n. 학급, 교실	

(1) I am tall. _____

(2) You are very sad. _____

(3) A ghost is in the classroom. _____

(4) Mi-seon and Yoon-seon are students. _____

(5) Two big burgers are 8,000 won. _____

(6) My mom is at home. _____

Unit 2 ● be동사의 종류와 과거

Preview

We **were** beautiful 30 years ago. (과거)
우리는 30년 전에 아름다웠다.

➡

We **are** old now. (현재)
우리는 지금 나이가 들었다.

① 주어에 따라 be동사는 am, is, are를 써요. 주어에 따른 be동사의 변신을 살펴볼까요?

주어		be동사	축약형
단수	I	**am**	I'm
	You(너)	**are**	You're
	He, She, It	**is**	He's / She's / It's
복수	We You(너희들) They	**are**	We're You're They're

② be동사의 과거는 was와 were만 사용해요. 주어가 한 명(하나)인 단수 주어는 was를 쓰고, 여러 명(여러 개)인 복수 주어에는 were를 써주면 돼요. 우리말 '~이었다, ~있었다'의 뜻이에요.

They **were** sick last night. 그들은 지난밤에 아팠다.

She **was** at home yesterday. 그녀는 어제 집에 있었다.

Kevin **was** very angry yesterday. Kevin은 어제 화가 많이 났다.

기본기 탄탄 다지기

1 다음 네모 안에 알맞은 be동사의 형태를 써보세요.

(1) 주어가 I 일 때는 be동사 [   ]을 사용합니다.

(2) 주어가 you 일 때는 be동사 [   ]를 사용합니다.

(3) 주어가 he, she, it 일 때는 be동사 [   ]를 사용합니다.

(4) 주어가 we 일 때는 be동사 [   ]를 사용합니다.

(5) 주어가 they 일 때는 be동사 [   ]를 사용합니다.

▶주어의 성질이나 상태를 나타낼 때 사용하는 동사로 'am, is, are'가 있어요.

2 다음 문장의 be동사 현재형을 be동사 과거형으로 바꿔 쓰세요.

(1) The man <u>is</u> rich. ➡ The man _____ rich.

(2) This cat <u>is</u> very poor. ➡ This cat _____ very poor.

(3) The students <u>are</u> tall. ➡ The students _____ tall.

(4) I <u>am</u> happy. ➡ I _____ happy.

rich a. 돈 많은, 부자의
poor a. 가난한, 불쌍한

Unit 3 • be동사의 현재형과 과거형

She **is** at home now.
그녀는 지금 집에 있다.

They **are** in the library.
그들은 도서관에 있다.

➡ She **was** in the park yesterday.
그녀는 어제 공원에 있었다.

➡ They **were** at the party last night.
그들은 어젯밤에 파티에 있었다.

1 주어가 하나(한 명)를 나타내는 3인칭 단수형 주어일 때는 be동사 현재형은 is를 사용하고 과거형은 was를 써요. 주어가 여러 개(여러 명)로 사용될 때 be동사의 현재형은 are를 사용하고 과거형은 were를 써야 해요.

I **was** busy yesterday. I **am** free now. 나는 어제 바빴다. 지금은 한가하다.

The water **is** cold. 물이 차다.

He **was** a movie star 10 years ago. 그는 10년 전에 영화배우였다.

We **are** cooks. 우리는 요리사이다.

They **were** middle school students last year. 그들은 작년에 중학생이었다.

It **is** a good movie. 그것은 좋은 영화다.

cf. be동사 과거는 주로 과거를 나타내는 ago, yesterday, last night(year/month/week) 등과 자주 쓰여요.

기본기 탄탄 다지기

1 다음 괄호 안에 알맞은 be동사의 과거형에 동그라미 하세요.

(1) I (am, were, was) an elementary school student last year.

(2) He (was, is, were) in Sydney last month.

(3) You (are, was, were) late yesterday.

> Sydney n. 시드니(오스트레일리아의 항구 도시)
> month n. (한)달

2 빈칸에 알맞은 be동사를 넣어 보세요.

(1) The comic book _____ fun.

(2) Your hands _____ dirty.

(3) Minho and Jim _____ happy yesterday.

(4) They _____ my classmates.

(5) My sister _____ sick last night.

> comic book 만화책
> dirty a 더러운
> classmate n. 급우, 동급생
> sick a. 아픈

서술형 기초 다지기 ❶

1 다음 문장의 be동사의 뜻을 정확히 살려 해석해 보세요.

(1) Dennis is an English teacher. ➡ _____

(2) Dennis is in the classroom. ➡ _____

2 아래 be동사 중 알맞은 것을 고르세요.

(1) Mike and Fred [am / are / is] friends.

(2) Hi, John. How [am / are / is] you?

(3) Smith [am / are / is] Mike's father.

(4) Mom, this [am / are / is] my friend, Fred.

3 주어진 빈칸에 am, are, is 중 알맞은 것을 쓰세요.

(1) You _____ happy.

(2) I _____ a student.

(3) She _____ my friend, Ann.

(4) My mother and father _____ at home.

(5) They _____ cute lions.

4 빈칸에 현재형과 과거형의 be동사 중 알맞은 것을 쓰세요.

(1) I _____ fourteen years old now.
I _____ thirteen years old last year.

(2) We _____ in Korea now.
We _____ in Japan yesterday.

(3) My brother _____ a basketball team coach now.
He _____ a basketball player last year.

(4) They _____ at home now.
They _____ at the library yesterday.

5 밑줄 친 부분의 의미가 나머지 넷과 다른 것을 고르세요.

① He is very tall.　　　　　② The house is on the hill.

③ My parents are still young.　　④ The actress is very famous.

⑤ Computer games are interesting.

6 주어진 사진을 잘 나타낸 문장을 보기에서 골라 쓰세요.

> a. He is handsome.   b. They are cute.   c. He is angry now.

(1)

_____

(2)

_____

(3)

_____

7 빈칸에 was나 were 중 알맞은 be동사를 넣어보세요.

(1) He _____ in New York in 1999.

(2) The music concert _____ great last night.

(3) We _____ at the fire station yesterday.

(4) They _____ classmates 3 years ago.

8 우리말과 뜻이 같도록 빈칸에 알맞은 말을 쓰세요.

(1) 어제 나는 바빴다. 지금은 한가하다.

　　= I _____ busy yesterday. I _____ free now.

(2) 그의 아버지는 의사이셨다. 그의 엄마는 변호사이다.

　　= His father _____ a doctor. His mom _____ a lawyer.

(3) 너는 학생이야. 너의 쌍둥이 형들은 선생님이야.

　　= You _____ a student. Your twin brothers _____ teachers.

9 be동사 뒤의 문장 성분에 따라 정확하게 해석해 보세요.

(1) They are in front of the main gate of a school.

_____

(2) My friends are at the airport.

_____

Oral Test

Challenge 1 be동사의 특성을 정확히 알고 있나요?

be동사는 주어의 [   ]이나 [   ]를 나타내는 동사이에요. 주어의 '수'와 '인칭'에 따라 모양이 변합니다.

Challenge 2 be동사의 뜻을 알고 있나요?

be동사는 크게 2가지로 '[   ]'와 '[   ]'의 뜻이 있어요. be동사 뒤에 나오는 품사에 의해 뜻이 결정됩니다. 아래 두 문장의 빈칸에 뜻을 적고 해석해 보세요.

(1) He is a doctor. _____   (2) He is in the house. _____

Challenge 3 주어에 따라 be동사의 모습이 달라지는 것을 알고 있나요?

주어에 따라 모양이 변하는 be동사를 빈칸에 적어봅니다.

주어	둔갑하는 모습의 be동사를 써보세요.
I	
You	
모든 복수 (We, You, They, Girls, Students...)	
3인칭 단수 (He, She, It, Tom, Mary...)	

Challenge 4 be동사의 과거형을 쓸 줄 아나요?

be동사의 과거형은 [   ]와 [   ], 이렇게 두 가지 형태밖에 없어요. 주어가 하나(한 명)인 단수이면 [   ]를 쓰고, 주어가 여러 개 (여러 명)인 복수이면 [   ]를 써요.

Unit 4 • be동사의 부정문

She **is** a nurse.
She **is not** a doctor. (= She**'s not** a doctor. = She **isn't** a doctor.)
그녀는 간호사이다. 그녀는 의사가 아니다.

① be동사의 부정문을 만들고 싶을 때는 be동사 바로 뒤에 not을 붙이면 돼요. be동사의 부정문은 '~가 아니다,
~가 없다'의 뜻이에요.

Tony **is not** a student.
Tony는 학생이 아니다.

He **is not** at school.
그는 학교에 없다.

Rachel and I **are not** angry.
Rachel과 나는 화나지 않았다.

They **are not** in the hospital.
그들은 병원에 있지 않다.

② be동사 부정문의 축약형은 주어와 be동사를 줄이거나 be동사와 not을 줄이는 두 가지 형태가 있어요. 단, am
not은 amn't로 줄여 쓰지 않아요.

부정문(be + not)	축약형(Contractions)	
I **am not** You **are not** He(She, It) **is not** We(They) **are not**	I'**m not** You'**re not** He(She, It)'**s not** We(They)'**re not**	I **amn't** (X) You **aren't** He(She, It) **isn't** We(They) **aren't**

기본기 탄탄 다지기

1 다음 중 be동사의 부정문으로 올바른 문장을 고르세요.

① I amn't happy with him.

② They don't are Chinese.

③ You're not alone.

④ She aren't a nurse.

▶am not은 amn't로 줄여 쓰지 않고
I'm not으로만 줄여 써요.

Chinese n. 중국인
alone 홀로

2 다음 밑줄 친 부분을 축약형으로 고쳐 쓰세요.

(1) I am Tom. ➡ _____

(2) She is a nurse. ➡ _____

(3) They are not expensive. ➡ _____

(4) You are very beautiful. ➡ _____

(5) That is not a cell phone. ➡ _____

(6) He is not busy now. ➡ _____

nurse n. 간호사
expensive a. (값)비싼
cell phone 휴대전화

Preview

Are you a student?
너는 학생이니?

Were they good friends?
그들은 좋은 친구였니?

① be동사의 의문문은 주어와 be동사의 자리만 바꿔 주면 돼요. 현재형은 '~이니, ~있니?'의 뜻이 되고, 과거형인 was와 were를 문장 맨 앞으로 보내 의문문을 만들 때는 '~였(었)니?, ~있었니?'의 뜻으로 해석해요.

They are soccer players. 그들은 축구선수이다.

Are they soccer players? 그들은 축구선수이니?

She was at home at that time. 그녀는 그때 집에 있었다.

Was she at home at that time? 그녀는 그때 집에 있었니?

기본기 탄탄 다지기

1 **빈칸을 완성하여 의문문을 만드세요.**

(1) You are hungry.
➡ _____ _____ hungry?

(2) He is handsome.
➡ _____ _____ handsome?

(3) We are good friends.
➡ _____ _____ good friends?

(4) They are famous soccer players.
➡ _____ _____ famous soccer players?

(5) She is a new teacher.
➡ _____ _____ a new teacher?

handsome a. 잘생긴
famous a. 유명한

2 **주어진 문장을 의문문으로 고쳐 쓰세요.**

(1) He is a scientist. ➡ _____

(2) They are hungry. ➡ _____

(3) You are healthy. ➡ _____

(4) She is a painter. ➡ _____

(5) Yoon-seon and Mi-seon are smart.
➡ _____

scientist n. 과학자
healthy a. 건강한
painter n. 화가

Unit 6 ● be동사 의문문에 대한 대답

Preview

Q: Is she a tennis player?
그녀는 테니스 선수인가요?

A: **Yes**, she **is**.
네, 맞아요.

Q: Was Andy Warhol a singer?
앤디 워홀은 가수였나요?

A: **No**, he **wasn't**. He was a famous artist.
아니요. 그는 유명한 화가였어요.

1 의문문에 대한 대답은 be동사를 그대로 사용하여 Yes나 No로 대답하고, 주어는 알맞은 대명사로 바꾸어 대답해요. 부정의 대답은 축약하지만 긍정의 대답은 축약형을 쓰지 않아요.

Are you fire fighters? 당신들은 소방관인가요?　　　**Yes**, we **are**. / **No**, we **aren't**.

2 be동사의 과거형도 was나 were를 문장 맨 앞으로 보내고 물음표를 써주면 돼요. 현재형과 똑같이 be동사를 그대로 사용하여 Yes나 No로 대답해요.

Was Nancy sick? Nancy는 아팠니?　　　**Yes**, she **was**. / **No**, she **wasn't**.

의문문 주어	I / we	you	Dennis 등 (남자 단수)	Sunny, Min-seon (여자 단수)	this, that, it	Mom and Dad, they, these, those (복수)
대답할 때 주어	you	I / we	he	she	it	they

cf. 질문과 대답은 서로 주고받는 것이므로 의문문의 주어와 대답에서의 주어가 달라지는 경우가 있어요. 대답할 때 주어가 바뀐다는 것을 꼭 암기하세요.

기본기 탄탄 다지기

1 다음 질문에 알맞은 대답을 쓰세요.

(1) Is he tall?　　　　　　　　　➡ Yes, _____.

(2) Are they police officers?　　➡ No, _____.

(3) Is Yoon-seon kind?　　　　　➡ Yes, _____.

(4) Are they middle school students?　➡ No, _____.

(5) Were you an elementary school student last year?

　　　　　　　　　　　　　　➡ No, _____.

(6) Was she at the park yesterday?　➡ Yes, _____.

▶ 대답문에서는 알맞은 대명사로 바꾸어 답해야 해요. 'Yes나 No'를 사용하고 동사는 be동사를 그대로 이용해 대답한답니다.

police officer 경찰관
kind a. 친절한

1 빈칸에 알맞은 말을 써넣어 문장을 완성해 보세요.

(1) 그들은 어젯밤에 아프지 않았다.

They _____ sick last night.

(2) 너의 남동생들은 초등학생이니?

_____ your younger brothers elementary school students?

(3) 그는 어제 집에 있었나요?

_____ _____ at home yesterday?

(4) 미선이와 은선이는 화나지 않았다.

Mi-seon and Eun-seon _____ _____ angry.

2 빈칸에 들어갈 알맞은 말을 고르세요.

A: _____

B: No, I'm not.

① Am I a pianist?　　　　　　② Is he your brother?

③ Are they engineers?　　　　④ Are you a nurse?

3 다음 표를 보고, 문장의 빈칸에 알맞은 말을 완성하세요.

	Country	Age	Job
Mark	Singapore	45	lawyer
Tony	Canada	29	teacher
Sujin	Korea	16	student

(1) Mark _____ a teacher. He _____ a lawyer.

(2) Sujin _____ from Singapore. She _____ from Korea.

(3) Is Tony a teacher?

_____, he _____. He _____ a teacher now.

(4) Are Sujin and Tony lawyers?

_____, _____ _____.

(5) Is Mark 29 years old?

_____, he _____. He _____ 45 years old.

4 다음 be동사의 질문과 그 대답을 완성해보세요.

(1) A: _____ you a good dancer?

B: Yes, I _____.

(2) A: _____ your brothers middle school students?

B: _____, _____ aren't.

(3) A: How _____ the soccer game yesterday?

B: It _____ exciting.

5 다음 밑줄 친 부분 중 형태가 바르지 않은 것을 고르세요.

① Joe isn't strong.   ② Kelly's a nice friend.

③ I amn't in Japan.   ④ They're in the park.

⑤ You aren't foolish.

6 괄호 안의 단어를 알맞게 배열하여 문장을 완성하세요.

(1) Thomas Cruise (an / is / actor).   ➡ _____

(2) (they / your / are) grandparents?   ➡ _____

(3) (in / you / were) the library?   ➡ _____

7 다음 문장에 not을 넣어 부정문으로 만들어 보세요.

(1) It is good news.   ➡ _____

(2) She is smart.   ➡ _____

8 다음 질문에 알맞은 대답을 쓰세요.

(1) A: Is she tall?

B: Yes, _____ _____.

No, _____ _____. / No, _____ _____.

(2) A: Are you a middle school student?

B: Yes, _____ _____.

No, _____ _____.

(3) A: Is Peter at the library?

B: Yes, _____ _____.

No, _____ _____. / No, _____ _____.

Oral Test

Challenge 1 be동사의 부정문을 만들 수 있나요?

be동사의 부정문으로 만들고 싶을 때는 be동사 바로 뒤에 [   ]만 붙이면 돼요.

ex) I am a doctor.
나는 의사이다.

➡ I am [   ] a doctor.
나는 의사가 아니다.

am, is, are
was, were   +   [   ] = 부정문

Challenge 2 be동사의 Yes/No 의문문은 어떻게 만드나요?

'~이니?, ~이 있니?'를 물어보는 be동사의 의문문은 be동사를 [   ]으로 보내기만 하면 돼요. 즉, 다시 말해서 'be동사 + S ~?' 어순이 된답니다.

You are a student. (평서문)
당신은 학생입니다.

[   ] you a student? (의문문)
당신은 학생입니까?

They are students. (평서문)
그들은 학생입니다.

[   ] they students? (의문문)
그들은 학생입니까?

Challenge 3 의문문에 대한 대답은 어떻게 해야 하나요?

'Yes'나 'No'를 사용하여 주어에 따라 알맞은 [   ]로 바꾸어 답해야 해요.
- 긍정일 때 − Yes, S + be동사
- 부정일 때 − No, S + be동사 + not으로 대답해요.

Were they police officers?
- 긍정일 때 - Yes, **they** were.
- 부정일 때 - No, **they** weren't.

Unit 7 ● 인칭대명사

Tiffany is our English teacher.
Tiffany는 우리 영어선생님이다.

➡ **She** is very strict.
그녀는 매우 엄하다.

My friend and I study Korean.
내 친구와 나는 한국어를 공부한다.

➡ **We** like Korean culture.
우리는 한국 문화를 좋아한다.

1 인칭대명사는 명사를 대신해서 쓰는 말로 1인칭(I, we), 2인칭(you), 3인칭(he, she, it, they)이 있어요.

'나'를 표현	➡ **I**	: 문법 용어는? ➡ 1인칭 단수
'우리'를 표현	➡ **we**	: 문법 용어는? ➡ 1인칭 복수
대화의 상대자인 '너'를 표현	➡ **you**	: 문법 용어는? ➡ 2인칭 단수
대화의 상대자인 '너희들'을 표현	➡ **you**	: 문법 용어는? ➡ 2인칭 복수
'나' 또는 '너'가 아닌 다른 '사람(것)'을 표현	➡ **he / she / it**	: 문법 용어는? ➡ 3인칭 단수
'나' 또는 '너'가 아닌 다른 '사람(것)들'을 표현	➡ **they**	: 문법 용어는? ➡ 3인칭 복수

그들(they)이 왜 너(you)와 나(I)를 째려보고 있지?

우리(we)가 너무 잘 생겨서 그런거야!

기본기 탄탄 다지기

1 사람을 가리키는 명사를 대명사로 바꿔 쓰세요.

(1) 말하는 사람 자신 ➡ _____

(2) 듣는 사람(상대방) ➡ _____

(3) Mike(남자) ➡ _____

(4) Rachel(여자) ➡ _____

(5) Mi-seon and I ➡ _____

(6) you and she ➡ _____

(7) Mike and Rachel ➡ _____

2 밑줄 친 부분을 인칭대명사로 바꾸세요.

(1) The <u>man</u> is from France. ➡ _____

(2) The <u>woman</u> is a doctor. ➡ _____

(3) The <u>car</u> is very fast. ➡ _____

(4) <u>Dennis and I</u> are from Mexico. ➡ _____

히히히~

히(he)히히는 남자야. 여자는 쉬(she)쉬쉬 해야지!

Preview

Olivia is my friend.
Olivia는 내 친구이다.

I love **her**, but **she** doesn't love **me**.
나는 그녀를 사랑하지만, 그녀는 나를 사랑하지 않는다.

① '격'이란 인칭대명사가 주어 자리, 목적어 자리에 들어갈 수 있는 하나의 자격을 의미해요. 주격은 주어 자리에 쓰며, 우리말 '~은, 는, 이, 가'의 의미를 가지고, 목적격은 문장에서 동사 뒤, 목적어로 사용돼요. '~를/~을'로 쓰이는 거예요.

	단수		복수	
	주격	목적격	주격	목적격
1인칭	I(나는)	me(나를)	we(우리들은)	us(우리들을)
2인칭	you(너는)	you(너를)	you(너희들은)	you(너희들을)
3인칭	he(그는)	him(그를)	they(그(것)들은)	them(그(것)들을)
	she(그녀는)	her(그녀를)		
	it(그것은)	it(그것을)		

Nancy plays the piano. Nancy는 피아노를 연주한다.

➡ **She** plays the piano. 주어 Nancy를 주격 대명사 she로 표현

Everybody loves Sunny and Tom. 모든 사람들이 Sunny와 Tom을 사랑한다.

➡ Everybody loves **them**. 목적어 Sunny and Tom을 목적격 대명사 them으로 표현

기본기 탄탄 다지기

1 다음 문장의 밑줄 친 명사를 알맞은 대명사로 고치세요.

(1) John is our teacher.

➡ _____ is our teacher.

(2) He teaches the students and me Chinese.

➡ He teaches _____ Chinese.

(3) Chang and Lee are from China.

➡ _____ are from China.

(4) We really like Eric.

➡ We really like _____ .

▶인칭대명사의 격은 대명사가 주어로 쓰이면 주격(주어 자격), 목적어로 쓰이면 목적격(목적어 자격)이라고 해요.

Preview

Kathy is a tennis player. Kathy는 테니스 선수이다.
That is **her** tennis racquet. 저것은 그녀의 테니스 라켓이다.
The tennis racquet is **hers**. 그 테니스 라켓은 그녀의 것이다.

1 소유격은 '~의', 소유대명사는 '~의 것'을 뜻하는 말로 '어떤 것이 (누구의)소유'라는 의미를 나타내요. 소유격은 뒤에 명사가 오지 않으면 단독으로 문장에서 역할을 할 수 없지만 소유대명사는 '소유격 + 명사'를 한 단어의 대명사로 나타낸 것이므로 단독으로 명사 역할을 할 수 있어요.

인칭대명사 주격	소유격	소유대명사
I	**my** book	**mine** (= my book)
you	**your** book	**yours** (= your book)
he	**his** book	**his** (= his book)
she	**her** book	**hers** (= her book)
we	**our** book	**ours** (= our book)
they	**their** book	**theirs** (= their book)
it	**its** tail	X

That's **my** teacher. **Her** name is Sarah. 저분은 내 선생님입니다. 그녀의 이름은 Sarah예요.

This is **his** bag, and that is **mine**(= my bag). 이것은 그의 가방이고 저것은 내 것(내 가방)이다.

The red jacket is **hers**(= her red jacket). 그 빨간 재킷은 그녀의 것이다.

기본기 탄탄 다지기

1 소유대명사는 우리말에서 '~ [   ]'이라는 뜻이에요.

2 주어진 대명사를 알맞은 형태로 바꿔 쓰세요.

(1) _____ grandfather is very handsome. (you)

(2) These toys are _____ . (we)

(3) This computer is _____ . (she)

(4) Karen visits _____ . (they)

(5) _____ learn English every day. (we)

(6) They invited _____ . (I)

(7) Those hamburgers are _____ . (you)

(8) They are _____ notebooks. (you)

▶it의 소유대명사는 없어요. 소유격 its는 it is의 축약형인 it's와 혼동하면 안 돼요.
I have an orange. **Its** color is yellow.
It's(= It is) my laptop.
▶사람이나 동물의 소유격은 명사에 그냥 's만 붙여요.
This is **Jane's** skateboard.

grandfather n. 할아버지
toy n. 장난감
visit v. 방문하다
invite v. 초대하다
notebook n. 공책, 노트

서술형 기초 다지기 ❸

1 괄호 안의 단어를 문맥에 맞게 바꿔 빈칸에 쓰세요.

(1) This is Tom. He is _____ English teacher. (I)

(2) Sunny is from Australia. _____ family is in Sydney. (She)

(3) Is that _____ English book? - Yes, it is. (You)

2 빈칸에 알맞은 말을 써넣어 문장을 완성하세요.

(1) 우리는 1학년이다.
_____ are in the first grade.

(2) 이 자전거들은 그들의 것이다.
These bicycles are _____.

(3) 그것들은 그녀의 책들이다.
They are _____ books.

3 밑줄 친 말을 바꾸어 쓸 때 알맞은 것을 보기에서 고르세요.

Her	They	We	His

(1) Karen and I are best friends.   _____

(2) The magazines are on the desk.   _____

(3) Tom's house is in the center of town. _____

(4) Mary's feet smell very terrible.   _____

4 다음 문장을 읽고 빈칸에 적절한 be동사와 인칭대명사를 쓰세요.

(1) Geroge _____ a doctor. _____ is from Italy.

(2) Mary _____ a teacher. _____ is from England.

(3) Michael and Henry _____ singers. _____ are from the USA.

(4) I _____ an athlete. _____ am from China.

(5) Maria, Anna, and I _____ students. _____ are from Greece.

(6) Rome _____ a big city. _____ is in Italy.

5 다음 그림을 보고, 보기와 같이 문장을 완성해보세요.

This is Kelly's book. It is ___her___ book.
The book is ___hers___.

(1)  (2)  (3)

(1) This is the woman's bag. It is _____ bag. The bag is _____.

(2) This is Karen's flower. It is _____ flower. The flower is _____.

(3) They are my uncle's shoes. They are _____ shoes. The shoes are _____.

6 다음 보기의 단어를 활용하여 빈칸에 알맞은 단어를 쓰세요.

She	His	my	handsome	He	Her

Minju: My favorite actor is Leonardo DiCaprio. _____ is from the USA. _____ is tall
and _____, and he has short hair. _____ eyes are beautiful. They're blue-
green.

Sangwoo: Kim Tae-hee is _____ favorite actress. _____ is from Korea.
_____ brother is also an actor in Korea. _____ is slim, and she has long
curly hair. _____ black eyes are very beautiful.

7 다음 중 어법상 적절한 문장을 고르세요.

① It is you bag.

② Her is a student.

③ We was good friends.

④ Mark is in Canada now. I'll call him this evening.

⑤ Sunny is from France. Hers family is in Paris.

Oral Test

Chapter 1

Challenge 1 인칭대명사의 쓰임을 정확히 알고 있나요?

'나'를 표현 　➡ ⬜ : 문법 용어는? ➡ 1인칭 단수
'우리'를 표현 　➡ ⬜ : 문법 용어는? ➡ 1인칭 복수
대화의 상대자인 '너'를 표현 　➡ ⬜ : 문법 용어는? ➡ 2인칭 단수
대화의 상대자인 '너희들'을 표현 　➡ ⬜ : 문법 용어는? ➡ 2인칭 복수
'나' 또는 '너'가 아닌 다른 '사람(것)'을 표현 　➡ ⬜ : 문법 용어는? ➡ 3인칭 단수
'나' 또는 '너'가 아닌 다른 '사람(것)들'을 표현 　➡ ⬜ : 문법 용어는? ➡ 3인칭 복수

Challenge 2 인칭대명사의 격이 무엇인가요?

⬜ 은 인칭대명사가 문장에서 '주어(~은/는, ~이/가)'로 쓰이는 것.

I don't like her very much. 나는 그녀를 별로 좋아하지 않는다. (I, you, he, she, it, we, they)

⬜ 은 인칭대명사가 문장에서 '목적어(~을/를)'로 쓰이는 것.

Do you love **me**? 너는 나를 사랑하니? (me, you, him, her, it, us, them)

⬜ 은 인칭대명사가 문장에서 '소유 관계(~의)'를 나타내는 것.

I know **her** name, but she doesn't know mine. 나는 그녀의 이름을 알지만 그녀는 내 이름을 모른다. (my, your, his, her, its, our, their)

Challenge 3 소유격과 소유대명사를 정확히 이해하고 있나요?

소유격('~의')은 ⬜ 앞에 써서 그 명사가 누구의 것인지를 나타내고, 소유대명사는 '소유격 + 명사'를 한 단어의 ⬜ 로 만들어 문장에서 단독으로 하나의 품사 역할을 할 수 있어요.

my book (나의 책)을 한 단어로 표현하면? 　➡ ⬜ (나의 것 = my book)

your book (너의 책)을 한 단어로 표현하면? 　➡ ⬜ (너의 것 = your book)

his book (그의 책)을 한 단어로 표현하면? 　➡ ⬜ (그의 것 = his book)

her book (그녀의 책)을 한 단어로 표현하면? 　➡ ⬜ (그녀의 것 = her book)

their book (그들의 책)을 한 단어로 표현하면? 　➡ ⬜ (그들의 것 = their book)

Unit 10 • 지시대명사

Q: Is **this** your smart phone?
이것이 네 스마트 폰이니?

A: Yes, it is.
응, 그래.

Q: Are **those** sneakers?
저것은 운동화니?

A: No, they aren't. They are ice-skates.
아니, 스케이트화야.

1 특정한 사람과 사물을 손가락으로 지시하듯이 가리키며 사용하는 대명사를 '지시대명사'라고 해요.

단수형	의미	사용	복수형
this	이것, 이 사람	가까이 있는 사람이나 사물을 가리킴	these
that	저것, 저 사람	조금 떨어져 있는 사람이나 사물을 가리킴	those

This is a desk, and **that** is a chair. 이것은 책상이고, 저것은 의자이다.

These are history books. 이것들은 역사책이다.

Those are English books. 저것들은 영어책이다.

선생님, 이렇게 하면 this(이것) 할 수 있나요?

허거걱 그□ 그것(it)은 뭘랄까□

기본기 탄탄 다지기

1 알맞은 지시대명사를 쓰세요.

(1) 이것은 사과이다. ➡ _____ is an apple.

(2) 저것은 사과이다. ➡ _____ is an apple.

(3) 이 사과들은 달콤하다. ➡ _____ apples are sweet.

(4) 저것들은 큰 배이다. ➡ _____ are big ships.

▶[s]나 [z]발음으로 끝나는 대명사 뒤에는 be동사를 줄여 쓰면 안돼요.

this's, these're, those're	X
that's, it's, they're	O

2 다음 중 어법에 맞는 것을 고르세요.

(1) [This / These] [is / are] my computer.

(2) [Those / That] [is / are] science books.

(3) [These / This] [are / is] model airplanes.

(4) [That / Those] [are / is] new buildings.

(5) [That / Those] [are / is] an electronic dictionary.

model airplane 모형비행기
building n. 건물
electronic dictionary 전자사전

Unit 11 · 지시형용사

Preview

Do you like **these** shoes?
이 신발이 마음에 드나요?

Look at **those** birds.
저 새들을 봐라.

1 this나 that이 명사 앞에 놓여 명사를 꾸며주는 형용사 역할을 할 때 지시형용사라고 해요. '이~/저~ + 명사'의 뜻으로 쓰고 this와 that 뒤에는 단수 명사가 와요.

This *house* is big. 이 집은 크다.

That *toy* is cheap. 저 장난감은 값이 저렴하다.

2 these와 those를 지시형용사로 사용할 경우, these와 those 뒤에는 반드시 복수 명사를 써야 해요.

These *houses* are small. 이 집들은 작다.

Those *toys* are not cheap. 저 장난감들은 값이 저렴하지 않다.

기본기 탄탄 다지기

1 주어진 말의 복수형을 바르게 나타낸 것을 고르세요.

(1) this dog - (this dogs / these dogs)

(2) that house - (those house / those houses)

(3) that ball - (those ball / those balls)

(4) this pencil - (this pencils / these pencils)

(5) that box - (those boxes / those box)

(6) this child - (these child / these children)

▶this와 that은 단수 명사와 함께 쓰이고, these와 those는 복수 명사와 함께 쓰여요. 단, the 뒤에는 단수 명사, 복수 명사가 모두 올 수 있답니다.

ball n. 공
pencil n. 연필
child n. 아이, 자식, 아동

2 다음 괄호에서 말을 골라 보세요.

(1) I want to make friends with (that / those) girl.

(2) (This's / That's) not my fault.

(3) (That / Those) women don't look happy.

(4) (This / These) watch is really nice.

(5) (Those / That) movie is boring.

make friends 친구를 사귀다
fault n. 잘못, 실수
boring a. 지루한

Unit 12 ● 지시대명사를 이용한 의문문

Q: Is **this** a laptop computer?
이것이 노트북이니?
A: Yes, **it** is.
응. 그래.

Q: Are **those** sunflowers?
저것들이 해바라기니?
A: Yes, **they** are.
응. 맞아.

① 지시대명사가 있는 Yes/No 의문문에서 this/that은 it으로 대답하고, these/those는 they로 대답해요.

Are **these** your books? 이것들이 네 책이니?   - No, **they** aren't. 아니, 그렇지 않아.

Is **that** your schoolbag? 저것이 네 책가방이니?   - Yes, **it** is. 응. 맞아.

② 앞에 나왔던 명사를 다시 말할 때, 단수인 동물이나 사물을 대신해서 '그것'이란 뜻으로 대명사 it을 써요. 앞서 나왔던 복수 명사를 다시 말할 때는 대명사 they를 써서 표현합니다.

I have a cat. **It** is 3 months old. 나는 고양이 한 마리가 있다. 그것은 생후 3개월째다.

These pencils are not cheap. **They** are expensive. 이 연필들은 싸지 않다. 그것들은 비싸다.

기본기 탄탄 다지기

1 빈칸에 알맞은 대명사를 쓰세요.

(1) Is this a refrigerator? - Yes, _____ is.

(2) Are those goats? - No, _____ aren't.

(3) Are these motorcycles? - Yes, _____ are.

(4) Is that an orange? - No, _____ isn't.

refrigerator n. 냉장고
goat n. 염소
motorcycle n. 오토바이

2 밑줄 친 곳을 it 또는 they로 바꿔 문장을 완성하세요.

(1) That is an airplane. ➡ _____ is very fast.

(2) These are bags. ➡ _____ are heavy.

(3) That is a pig. ➡ _____ is very fat.

(4) Those are vegetables. ➡ _____ are fresh.

(5) This is Korean food. ➡ _____ is very delicious.

▶비인칭 주어로 쓰이는 it은 날씨, 계절, 날짜, 요일, 시간, 거리, 명암 등을 나타낼 때 써요. 영어는 반드시 주어가 있어야 하기 때문에 형식적으로 넣는 주어랍니다.
It is seven o'clock. (시간)
It's raining. (날씨)
It's already dark. (명암)
It's Saturday. (요일)

서술형 기초 다지기 ④

1 그림과 일치하도록 빈칸에 알맞은 말을 보기에서 고르세요.

That	This	Those	These

(1) _____ car is very old. _____ car is new.

(2) _____ dogs are mine. _____ cats are not mine.

2 다음 중 어법에 맞는 것을 고르세요.

(1) [This / These] is a book.

(2) [This / These] is Eun-seon.

(3) [That / Those] is a novel.

(4) [This / Those] are tennis shoes.

3 빈칸에 알맞은 말을 써넣어 문장을 완성해 보세요.

(1) 저것은 나의 가족사진이다.

➡ _____ is my family picture.

(2) 이 책들은 매우 재미있다.

➡ _____ books are very interesting.

4 우리말과 뜻이 같도록 빈칸에 알맞은 말을 쓰세요.

올 여름은 정말 더웠다.

= _____ _____ so hot this summer.

5 밑줄 친 It(it)의 쓰임이 나머지 넷과 다른 것은?

① It's very hot.

② What day is it today?

③ It's getting dark outside.

④ It's eight thirty. We're late.

⑤ It's my brother's cap.

6 밑줄 친 단어를 괄호 안의 단어로 바꿔 문장을 다시 쓰세요.

Is that her baby? (those) ➡ _____?

7 다음 문장의 밑줄 친 어구가 지시대명사이면 X, 지시형용사이면 Y에 표시해 보세요.

(1) Bring me that pencil. X ☐ Y ☐

(2) You like these gifts. X ☐ Y ☐

(3) Is this your brother? X ☐ Y ☐

(4) Those mice are dirty. X ☐ Y ☐

(5) This movie is boring. X ☐ Y ☐

(6) Those are my books. X ☐ Y ☐

8 우리말과 같도록 빈칸에 알맞은 말을 쓰세요.

(1) Mark는 이 자동차를 가장 좋아한다.
➡ Mark likes _____ _____ most.

(2) 나는 이 문제들이 쉽다고 생각한다.
➡ I think _____ _____ are easy.

(3) 너는 저 영화를 봤니?
➡ Did you see _____ _____?

9 빈칸에 들어갈 알맞은 말로 짝지어진 것을 고르세요.

• _____ is my brother, Jason.

• I want to buy a pair of jeans. _____ look great.

① That - Those　② These - Those　③ This - Those
③ Those - That　⑤ This - That

Challenge 1 지시대명사는 언제 사용하는 건가요?

(1) 가까이 있는 사람이나 사물을 대신하는 대명사는?

[　　　　　　] (= '이것')

[　　　　　　] **is a tiger.** 이것은 호랑이다.

(2) 조금 공간적으로 멀리 떨어져 있는 사람, 사물을 대신하는 대명사는?

[　　　　　　] (= '저것')

[　　　　　　] **is a rabbit.** 저것은 토끼이다.

Challenge 2 지시대명사의 복수형을 알고 있나요?

this의 복수형은 [　　　　　　], that의 복수형은 [　　　　　　]를 써요.

Challenge 3 this나 that 뒤에 명사가 올 때는 어떻게 하나요?

'this' 와 'that' 뒤에는 [　　　　　　] 명사가 오며, 'these'와 'those' 뒤에는 [　　　　　　] 명사가 와요.

    this **book** (이 책)   these **books** (이 책들)

    that **book** (저 책)   those **books** (저 책들)

Challenge 4 지시대명사를 이용한 Yes/No 의문문에 대한 대답을 알고 있나요?

지시대명사가 있는 Yes/No 의문문에서 this/that은 [　　　　　　]으로 대답하고, these/those는 [　　　　　　]로 대답해요.

앞에 나왔던 명사를 다시 말할 때, 단수인 동물이나 사물을 대신해서 '그것'이란 뜻으로 대명사 [　　　　　　]을 써요. 앞서 나왔던 복수 명사를 다시 말할 때는 대명사 [　　　　　　]를 써서 표현합니다.

1 다음 중 밑줄 친 부분의 쓰임이 잘못된 것은?

① <u>Are</u> you busy now?
② He <u>is</u> a doctor.
③ Jane <u>are</u> a student.
④ <u>Is</u> Christina a nurse?
⑤ They <u>are</u> singers.

2 다음 문장에서 'not'이 들어갈 위치로 알맞은 곳은?

> Sujin (①) and Sumi (②) were (③) in
> (④) Korea (⑤) in 2006.

[3~4] 빈칸에 들어갈 알맞은 말을 고르세요.

3 _____ they tired yesterday?

① Is   ② Are
③ Am   ④ Was
⑤ Were

4 My brother and sister _____ in the dining room. They are in the living room.

① is   ② are
③ isn't   ④ am not
⑤ aren't

[5~6] 다음 대화의 빈칸에 알맞은 말을 고르세요.

5 A: Are you from Australia?
B: _____. I'm from Canada.

① Yes, I am.   ② No, I'm not.
③ Yes, he is.   ④ No, he isn't.
⑤ Yes, we are.

6 A: _____ you a middle school teacher?
B: Yes, I was.

① Are   ② Am
③ Is   ④ Was
⑤ Were

7 다음 대화의 빈칸 (A), (B)에 공통으로 들어갈 말로 알맞은 것을 고르세요.

> Jason: Excuse me. ___(A)___ Kelly?
> Kelly: Oh, you're Jason. Nice to see you again.
> Jason: ___(B)___ in this class?
> Kelly: Yes, I am. We're in the same class.

① Are they   ② Are we
③ Is she   ④ Are you
⑤ Is he

8 대화의 밑줄 친 부분을 바르게 고치세요.

> A: Was he sick yesterday?
> B: No, he <u>isn't</u>.

9 다음 문장을 우리말과 뜻이 같도록 바꿔 쓰세요.

(1) We are middle school students.

_____

(우리는 중학생이 아니다.)

(2) Mozart was a painter.

_____

(Mozart는 화가가 아니었다.)

10 주어진 문장의 밑줄 친 부분과 쓰임이 같은 것은?

> That car is hers.

① What is <u>that</u>?
② <u>That</u>'s my friend.
③ <u>That</u> pencil is expensive.
④ Is <u>that</u> your house?
⑤ <u>That</u> is not a table.

11 괄호 안에서 알맞은 말을 고르세요.

(1) (This, These) is your computer.

(2) (That, Those) are his textbooks.

(3) Is (these, this) your picture?

(4) (That, Those) are polar bears.

12 다음 글을 읽고, 물음에 답하세요.

> Last year, Mi-seon ⓐ_____ in Canada. Everything ⓑ_____ new and interesting. So she ⓒ_____ happy there. ⓓ<u>She</u> Canadian friends were very kind to her. Now she lives in Seoul. She is happy to meet her Korean friends again.

(1) 빈칸 ⓐ~ⓒ에 공통으로 알맞은 말을 쓰세요.

_____

(2) ⓓ She 를 알맞은 형태로 고쳐 쓰세요.

_____

13 어법상 올바른 문장을 고르세요.

① It is you bag.
② Her is a student, too.
③ We was good friends.
④ Ms. Kim is our English teacher.
⑤ My grandparents are in Italy last year.

[14–15] 빈칸에 알맞은 것을 고르세요.

14 A: Is he your classmate?
B: No, he _____.

① is   ② was
③ isn't   ④ weren't
⑤ wasn't

15 A: _____ you a high school teacher?
B: Yes, I was.

① Are   ② Am
③ Is   ④ Was
⑤ Were

16 우리말과 뜻이 같도록 빈칸에 알맞은 말을 쓰세요.

(1) 나는 아침에 바빴다. 지금은 한가하다.
I _____ busy in the morning.
I _____ free now.

(2) 너는 13살이야. 너의 쌍둥이 누나들은 16살이야.
You _____ 13 years old. Your twin sisters _____ 16 years old.

(3) 그의 아버지는 과학자이셨다. 그도 과학자이다.
His father _____ a scientist.
He _____ a scientist, too.

바다 동물들을 만나 보세요!

Why don't you visit the Sea World? You can see the largest sea park in Korea. You can meet many kinds of sea creatures here. There are 5 alligators and 3 sharks in the blue aquarium. (a)They have sharp teeth. In the red aquarium, you can see 10 octopuses and lots of jellyfish. These jellyfish are very dangerous. They have poisons. We have 20 turtles in the white aquarium. (b)They are very slow and old. We have more sea animals in the other aquarium as well. We hope you enjoy your visit to Sea World.

1 위 글의 밑줄 친 (a)They와 (b)They가 지시하는 바로 알맞은 것을 골라 쓰세요.

(a) They: _____   (b) They: _____

2 위 글의 밑줄 친 These와 같은 쓰임이 같은 것을 고르세요.

① These are grammar books.   ② These are cute cats.

③ These hamburgers are delicious.   ④ Are these your pencils?

⑤ These are fast trains.

Super Speaking

A 보기와 같이 알맞은 인칭대명사를 이용하여 사진을 묘사하는 말하기 연습을 하세요. 연습이 한번 끝난 후 서로 역할을 바꿔 다시 말하기 연습을 하세요.

she / a teacher / ?

No ➡ a doctor

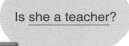
Is <u>she a teacher</u>?

No, she isn't.
She is <u>a doctor</u>.

A   B

1

they / pencils / ?

No ➡ shoes

2

he / a basketball
player / ?

No ➡ a soccer player

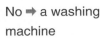
B 보기와 같이 that/those/it과 알맞은 be동사를 이용하여 말하기 연습을 하세요. 연습이 한번 끝난 후 서로 역할을 바꿔 다시 말하기 연습을 하세요.

that / it / a refrigerator
/ ?

No ➡ a washing
machine

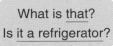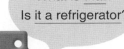
What is <u>that</u>?
Is it <u>a refrigerator</u>?

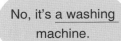
No, it's <u>a washing
machine</u>.

A   B

1

that / it / an MP3
player / ?

No ➡ a smart phone

2

those / they / oranges
/ ?

No ➡ watermelons

47

출제의도 | be동사의 부정문, 의문문
평가내용 | 주어진 정보를 이용하여 be동사, be동사의 부정문, 의문문의 문장 완성하기

서술형 유형	12점
난이도	중하

 A 주어진 신상 정보를 이용하여 대화를 완성하세요.

Name: Yu-na Kim

Nationality: Korea

Age: 21

Job: figure skater

Hobby: Reading

Kevin: Do you know Yu-na Kim?

Eric: Yes, I do. (1) _____ _____ _____ speed skater?

Kevin: No, (2) _____ _____. She is (3) _____ _____ _____.

Eric: Really? (4) _____ _____ from Japan?

Kevin: (5) _____, _____ _____.

(6) _____ _____ _____ _____.

평가영역	채점기준	배점
유창성(Fluency) & 정확성(Accuracy)	6개의 문장을 모두 올바른 표현과 함께 정확하게 완성한 경우 (문법, 철자가 모두 정확한 경우)	6×2 = 12점
	대명사, be동사, 관사를 바르게 사용하지 못한 경우	문항 당 1점씩 감점
	내용과 전혀 일치하지 않거나 답을 기재하지 못한 경우	0점

실전 서술형 평가 문제

출제의도 | 대명사, 소유격, 소유대명사

평가내용 | 알맞은 대명사의 격을 바르게 사용하기

서술형 유형	6점
난이도	중하

B 보기와 같이 지시대명사 this와 these 중 알맞은 것을 쓰고 괄호 속 인칭대명사의 소유격과 소유대명사를 이용하여 문장을 완성하세요.

보기 (l)

A: Whose coats are ___these___ ?

B: They are my coats. The coats are mine.

1

(she)

A: Whose car is _____ ?

B: _____

2

(he)

A: Whose ice-skates are _____ ?

B: _____

3

(they)

A: Whose digital camera is _____ ?

B: _____

평가영역	채점기준	배점
유창성(Fluency) & 정확성(Accuracy)	올바른 표현과 함께 정확하게 완성한 경우 (문법, 철자가 모두 정확한 경우)	3×2 = 6점
	소유격, 소유대명사를 바르게 사용하지 못한 경우	문항 당 1점씩 감점
	내용과 전혀 일치하지 않거나 답을 기재하지 못한 경우	0점

출제의도 | be동사의 과거형

평가내용 | be동사 과거형을 이용하여 문장 완성하기

서술형 유형	6점
난이도	중상

C 아래 사진의 인물은 어제 있었던 장소를 나타냅니다. 보기와 같이 의문문과 대답을 완성하세요.

the children
(at a party)

Jason and Susan
(at a library)

Laura
(at home)

Jamie
(at school)

보기 the children / at the beach

A: Were the children at the beach yesterday?

B: No, they weren't. They were at a party.

1 Jason and Susan / at a post office

A: _____

B: _____

2 Laura / at a library

A: _____

B: _____

3 Jamie / at the stadium

A: _____

B: _____

평가영역	채점기준	배점
유창성(Fluency) & 정확성(Accuracy)	올바른 표현과 함께 정확하게 완성한 경우 (문법, 철자가 모두 정확한 경우)	3×2 = 6점
	대명사와 be동사의 과거형을 바르게 사용하지 못한 경우	문항 당 1점씩 감점
	내용과 전혀 일치하지 않거나 답을 기재하지 못한 경우	0점

Chapter **2**
명사와 관사

Unit 1 • 명사의 종류

Preview

train (보통)   family (집합)   Korea (고유)   butter (물질)   love (추상)

① 명사란 사람(person), 사물(thing), 장소(place), 개념(idea)에 대한 단어에 이름을 붙인 말이에요.

② 명사의 5가지 종류

셀 수 있는 명사	보통명사	boy, girl, dog, apple, star, book, train, pencil 등
	집합명사	family, class, team 등
셀 수 없는 명사	고유명사	Tom, Mary, Incheon International Airport 등
	물질명사	bread, meat, water, ice, smoke, tea, oil, oxygen, coffee 등
	추상명사	time, work, news, information, knowledge 등

기본기 탄탄 다지기

1 다음 중 명사에 해당하는 것에 V 표시하세요.

(1) hospital   pretty   nice   nose

(2) easy   place   gift   big

(3) tall   city   car   subway

(4) story   book   cute   funny

(5) beautiful   bicycle   bank   wonderful

hospital n. 병원
place n. 장소
subway n. 지하철
bank n. 은행

▶셀 수 없는 명사란?
고유명사: 이름이나 지명 등 세상에 오직 하나 밖에 존재하지 않는 명사
물질명사: 물, 공기, 기름처럼 일정한 형태가 없어 셀 수 없는 명사
추상명사: 이름은 있으나 눈에 보이지 않는 것들로 인간의 머리에서 만들어진 추상적인 개념을 나타내는 명사

2 다음의 명사들 중 보통명사는 '보', 고유명사는 '고', 추상명사는 '추', 물질명사는 '물', 집합명사는 '집'으로 표시해 보세요.

(1) toy ( )   (2) family ( )   (3) education ( )

(4) knowledge ( )   (5) bus ( )   (6) water ( )

(7) butter ( )   (8) snow ( )   (9) Han river ( )

education n. 교육
knowledge n. 지식

Preview

a book   three book**s**   a bus   two bus**es**

① 셀 수 있는 명사란 하나, 둘, 셋, 이렇게 셀 수 있으며, 하나일 때는 명사 앞에 반드시 a/an을 붙이고 여러 개일 때는 명사에 −s, −es를 붙여서 복수형을 만들어요.

② 셀 수 있는 명사의 복수형 만드는 방법

대부분의 명사 + −s 붙인다.	book**s**, cup**s**, cat**s**, house**s**, pencil**s**
−s, −ss, −sh, −ch, −x로 끝나는 명사 + −es를 붙인다.	bus**es**, class**es**, dish**es**, bench**es**, box**es**
[자음 + y]로 끝나는 명사 → y를 i로 고치고 −es를 붙인다.	baby → bab**ies**, lady → lad**ies**, city → cit**ies** ※주의: 모음 + y로 끝나는 명사는 '−s'만 붙인다. boy → boy**s**, toy → toy**s**, day → day**s**, key → key**s**
[자음 + o]로 끝나는 명사 + −es를 붙인다.	potato**es**, tomato**es**, hero**es** 예외) piano**s**, photo**s**
−f(e)로 끝나는 명사: −f, −fe를 → −ves로 고친다.	leaf → lea**ves**, wolf → wol**ves**, knife → kni**ves** 예외) roof**s**, belief**s**

a는 뒤 단어의 첫 발음이 자음 발음일 때 쓰고, an은 모음 발음일 때 써요. *ex.* **a** camera, **an** apple

주의 자음 철자로 시작하지만 모음 발음이 나는 것에는 an을 붙여야 해요.

ex. **an** hour, **an** honest man, **an** MP3 player

기본기 탄탄 다지기

1 다음 중 a나 an을 붙일 수 있는 명사에는 O표, 붙일 수 없는 명사에는 X표 하세요.

(1) water   hat   (2) homework   chair

(3) money   book   (4) desk   dog

(5) cat   milk

2 주어진 명사의 복수형을 쓰세요.

hero n. 영웅
map n. 지도

(1) dish - _____   boy - _____   baby - _____

(2) doctor - _____   wolf - _____   lady - _____

(3) house - _____   leaf - _____   hero - _____

(4) map - _____   pencil - _____   fox - _____

Unit 3 · 셀 수 없는 명사와 불규칙 변화

Preview

Jane drinks much **water**.
Jane은 물을 많이 마신다.

She drinks **five bottles of** water.
그녀는 물 다섯 병을 마신다.

① 셀 수 없는 명사(물질명사, 추상명사, 고유명사)는 세는 게 무의미한 것이기 때문에 명사 앞에 a/an를 붙일 수 없고 명사 뒤에 −s, −es를 붙여서 복수형을 만들지도 못해요.

I have many **books**. 나는 책을 많이 갖고 있다.   I have much **money**. 나는 돈이 많다.

② 명사에 −s, −es를 붙이는 일정한 규칙 없이 불규칙하게 변하는 복수형이 있어요.

man → m**e**n   woman → wom**e**n   tooth → t**ee**th   goose → g**ee**se
foot → f**ee**t   mouse → **mice**   child → child**ren**   person → **people**

※ 짝을 이루어 항상 복수로만 쓰이는 명사
shoes(sneakers)   pants/jeans   gloves   glasses   chopsticks

---

기본기 탄탄 다지기

1 다음 명사들 중 셀 수 있는 명사와 셀 수 없는 명사를 구분하고 셀 수 있는 명사는 'C', 셀 수 없는 명사에는 'U' 표시해 보세요.

(1) happiness (   )   (2) woman (   )   (3) milk (   )

(4) experience (   )   (5) friend (   )   (6) apple (   )

> happiness n. 행복
> experience n. 경험

2 다음 명사의 복수형을 쓰세요.

(1) tooth - _____   (2) foot - _____

(3) woman - _____   (4) child - _____

(5) mouse - _____   (6) goose - _____

> ▶sheep(양), fish(물고기), deer(사슴), salmon(연어)는 단수와 복수의 모양이 똑같은 명사예요.

3 다음 우리말을 영어로 옮길 때 알맞은 표현을 고르세요.

(1) 치즈 세 조각   ➡ three (cups / pieces) of cheese

(2) 고기 두 덩어리   ➡ two (loaf / loaves) of meat

(3) 치약 두 통   ➡ two (tubes / bottles) of toothpaste

(4) 커피 두 잔   ➡ two cups of (coffees / coffee)

> ▶셀 수 없는 물질명사는 그 물질을 담는 그릇이나 단위를 이용하여 셀 수 있어요. 복수형으로 쓸 때에는 물질명사는 그대로 두고 단위를 나타내는 명사에 −(e)s를 붙여요.
> 잔: a cup/glass of
> 조각: a slice/piece of
> (종이)장: a piece/sheet of
> 덩어리: a loaf of
> 병: a bottle of
> 통, 관: a tube of
> (종이)팩: a carton of

서술형 기초 다지기 ❶

1 괄호 안에 주어진 단어의 복수형을 빈칸에 쓰세요.

(1) I like _____ . They are very cute. (baby)

(2) Those _____ are so interesting. (book)

(3) I have to pull out some of my _____ . (tooth)

2 다음 문장의 밑줄 친 부분을 바르게 고쳐 보세요.

(1) Susan is an American girls. _____

(2) Mr. Anderson has three childs. _____

(3) Are these country in Africa? - Yes, they are. _____

3 다음 괄호 안에서 알맞은 것을 고르세요.

(1) His (foot, feet) are very big.

(2) Three cups of (coffee, coffees), please.

(3) There are a lot of (dish, dishes) on the table.

(4) (Orange, Oranges) are my favorite fruit.

(5) Red (meat, meats) isn't good for health.

4 다음 단어의 단수-복수 관계가 바르지 않은 것을 고르세요.

① class - classes   ② boy - boys

③ girl - girls   ④ mouse - mouses

⑤ tooth - teeth

5 다음 중 바르지 않은 문장을 고르세요.

① The leaves are yellow and red.   ② Those men are my uncles.

③ Three potatoes are on the table.   ④ I washed the dishes after dinner.

⑤ Ms. Christina has four babys.

6 우리말과 뜻이 같도록 괄호 안의 말을 이용하여 문장을 완성하세요.

(1) 그는 밥 네 공기를 먹었다. (bowl of rice)

He ate _____ _____ _____ _____.

(2) 나는 어제 운동화 두 켤레를 샀다. (pair of sneakers)

I bought _____ _____ _____ _____ yesterday.

(3) 어항 속에 물고기 10마리가 있다. (fish)

There are _____ _____ in the fish bowl.

7 보기와 같이 복수형은 단수형으로, 단수형은 복수형으로 고쳐 쓰세요.

> Farmers are hard-working.
> ➡ _____ A farmer is _____ hard-working.

(1) Women are exercising in the gym.

➡ _____ exercising in the gym.

(2) The dictionary is very useful.

➡ The _____ very useful.

(3) A sheep is drinking water at the stream.

➡ _____ drinking water at the stream.

8 보기에서 알맞은 말을 골라 문맥에 맞게 쓰세요.

bottle	slice	cup	glass

(1) Do you want a _____ of coffee?

(2) Kelly ate three _____ of pizza.

(3) After dinner, Roy drank a _____ of water.

(4) There are two _____ of beer on the table.

9 다음 빈칸에 알맞은 것을 고르세요.

> I eat three _____ every day.

① rice   ② water   ③ cheese

④ eggs   ⑤ bread

Oral Test

Challenge 1 명사가 뭐예요?

사람이나 사물의 이름 또는 개념을 나타내는 말이며, "무엇인가?"라고 물어봤을 때 "무엇!"이라고 대답할 수 있는 말이랍니다.

ex) boy, apple, cat, table, Seoul, Sunday, Mi-seon, Christmas ...etc.

Challenge 2 명사의 5가지 종류를 알고 있나요?

(1) [   ] 명사   dog, tree, etc.
(2) [   ] 명사   family, class, etc.
(3) [   ] 명사   Anderson, Tom, Korea, the White house, etc.
(4) [   ] 명사   water, ice, milk, etc.
(5) [   ] 명사   problem, love, peace, etc.

Challenge 3 셀 수 있는 명사란?

하나, 둘 셋, 넷 이렇게 셀 수 있으며, 하나일 때는 명사 앞에 반드시 [   ]을 붙이고, 여러 개일 때는 명사에 [   ]를 붙여서 복수형을 만듭니다.

Challenge 4 셀 수 없는 명사란?

하나, 둘, 셋 이렇게 수를 셀 수 없으며, 명사 앞에 [   ]을 붙일 수 없고, 명사에 [   ]를 붙여 복수형으로 표현할 수가 없답니다.

※주의 : 사람, 지역, 나라, 호칭, 요일, 기념일 등의 하나 밖에 없는 단어는 반드시 [   ]로 시작해야 해요. 또한, a나 an은 기본적으로 '하나'를 의미하므로 [   ] 명사 앞에 쓸 수 없습니다.

Unit 4 • 부정관사 a, an의 쓰임

Preview

Cindy bought some apples.
Cindy는 사과 몇 개를 샀다.

She ate **an** apple.
그녀는 사과 한 개를 먹었다.

1 부정(不定)이란 정(定)해진 것이 없다(不)는 뜻이에요. 따라서 부정관사란 '여러 개 중에서 정해지지 않은 어떤 것 하나'를 뜻한답니다.

2 부정관사 a, an은 셀 수 있는 명사 앞에 붙어서 '하나, 한 명'이란 의미로 대부분의 명사 앞에 a를 쓰지만 첫 소리가 모음 'a, e, i, o, u'로 소리나는 단어 앞에는 'an'을 써요.

a book   **a** bus   **an** animal   **an** orange   **an** apple   **a** dog

3 철자가 모음이라도 발음이 자음인 경우 a를 쓰고, 자음이라도 모음으로 발음되면 an을 써요. 명사 앞에 형용사가 있을 경우, a와 an은 형용사의 첫소리에 따라 결정돼요.

an hour   **a** university   **a** uniform   **an** honest man   **a** useful book

an MP3 player   **an** old lady   **an** interesting book

기본기 탄탄 다지기

1 부정관사란?

'하나'라는 개념으로 _____ 앞에 사용해요.

2 a, an 중 알맞은 것을 쓰세요.

(1) _____ girl   (2) _____ e-mail   (3) _____ actor

(4) _____ doll   (5) _____ eraser   (6) _____ orange

(7) _____ airplane   (8) _____ banana   (9) _____ elephant

actor n. (남자)배우
doll n. 인형
eraser n. 지우개
airplane n. 비행기

▶'a/an'을 붙일 수 없는 경우
(1) 복수명사 앞 : dogs, dishes, men, women..etc.
(2) 고유명사 앞 : Korea, Mi-seon, English, America..etc.
(3) 셀 수 없는 명사 앞: water, bread, money, milk..etc

3 a, an 중 알맞은 것을 쓰고, 필요 없는 곳에는 X 표시하세요.

(1) _____ lion   (2) _____ ants   (3) _____ water

(4) _____ table   (5) _____ children   (6) _____ brushes

(7) _____ Japan   (8) _____ bread   (9) _____ Seoul

brush n. 브러쉬, 솔
bread n. 빵

Preview

She has **a** car. **The** car is red.
그녀는 차가 한 대 있다. 그 차는 빨간색이다.

Q: Where is Peter?
Peter는 어디에 있니?

A: He's in **the** house.
그는 그 집에 있어요.
(Both of them know which house they are talking about.)

1 정관사란 정(定)해진 것을 가리키는 관사란 뜻이에요. 정관사 the는 이미 언급된 명사가 다시 반복될 때, 또는 말하는 사람이나 듣는 사람이 무엇을 가리키는지 알 수 있는 '특정한 것', '바로 그것'을 언급할 때 사용해요.

I read a book. **The** book was interesting. 나는 책을 한 권 읽었다. 그 책은 재미있었다.

I have some information. **The** information is important. 나는 정보가 좀 있다. 그 정보는 중요하다.

I'm so cold. Please close **the** window. 너무 춥네요. 창문 좀 닫아 주세요. (어느 창문인지 서로 알고 있는 창문)

2 세상에서 유일한 자연물이나 우리 주위의 친숙한 자연환경(the sea, the city, the sky, the ground, the country)에는 정관사 the를 쓰고, 악기 앞에도 항상 정관사 'the'를 써요.

The moon moves around **the** Earth. 달은 지구 주위를 돈다.

I live in an apartment in **the** city. 나는 도시에 있는 아파트에서 살고 있다.

기본기 탄탄 다지기

1 다음 빈칸에 a, an, the 중 알맞은 것을 쓰세요.

(1) _____ rabbit runs away. My brother catches _____ rabbit.

(2) I have _____ pencil. _____ pencil is very expensive.

(3) I want _____ apple. _____ apple is big.

run away 달아나다
catch v. 잡다, 붙들다
expensive a. 값비싼

2 the가 필요한 곳에는 the를 쓰고, 필요 없는 곳에는 X표 하세요.

(1) Jane plays _____ cello every day.

(2) _____ earth goes around _____ sun.

(3) She likes _____ flower.

(4) _____ car is my brother's.

(5) Yoon-seon speaks _____ English very well.

(6) My uncle lives in _____ Canada.

cello n. 첼로
go around 돌다

Unit 6 ● 관사를 쓰지 않는 경우

We are playing **soccer** now.
우리는 지금 축구를 하고 있다.

How often do you watch **TV**?
TV를 얼마나 자주 보세요?

1 movie, theater, radio에는 the를 쓰지만 television(= TV)에는 the를 쓰지 않아요.

Would you like to go to **the** movies on Saturday? 토요일에 영화 보러 갈래?

I usually watch **TV** from 7:00 to 11:00 at night. 나는 주로 저녁 7시에서 11시까지 TV를 시청한다.

2 운동경기, 식사이름, 교통수단, 과목(학문)명 앞에는 관사를 쓰지 않아요. go to school(church/ bed) 처럼 건물 등이 본래의 용도로 쓰일 때에도 관사를 쓰지 않아요.

Yoon-seon had **dinner** with her family. 윤선이는 그녀의 가족과 함께 저녁을 먹었다.

We go to **school** on weekdays. 우리는 주중에 학교에 간다.

That building is **a library**.
(도서관 – 구체적인 개념)

Christina went to (X) **library**.
(도서관 – '공부하러 간' 추상적 개념)

기본기 탄탄 다지기

1 괄호 안에서 알맞은 것을 골라 보세요.

(1) (The, X) sun is yellow.　　(2) They have (the, X) lunch.

(3) Jason plays (the, X) baseball.　　(4) My mom plays (the, x) piano well.

(5) (The, X) sky is blue.

(6) She has (the, X) breakfast at 8 o'clock.

2 다음 중 어법에 맞는 것을 고르세요.

(1) She practices [flute / the flute].

(2) They play [squash / the squash] on Sundays.

(3) My sister studies in [Australia / the Australia].

(4) I like [science / the science].

(5) Do you like [soccer / the soccer]?

(6) Do you have [dinner / the dinner] with your family?

(7) Do you speak [Spanish / the Spanish]?

> practice v. 연습하다
> squash n. 스쿼시(스포츠)
> Spanish n. 스페인어
>
> ▶고유명사 앞에는 관사를 쓰지 않아요.

서술형 기초 다지기 ②

1 a, an 중 알맞은 관사를 골라 쓰고, 필요 없으면 X를 표시하세요.

(1) She is _____ old woman.

(2) Did you have _____ dinner with Tom?

(3) _____ umbrella is on the table.

2 부정관사 a 나 an을 사용하여 빈칸을 완성하세요.

(1) _____ banana and _____ orange (2) _____ chicken and _____ egg

(3) _____ frog and _____ elephant (4) _____ woman and _____ umbrella

(5) _____ exercise in _____ book (6) _____ student at _____ university

3 괄호 안에서 필요한 단어를 골라 우리말에 맞게 영작하세요.

(1) 난 새 컴퓨터가 필요하다.

= I need _____.

(computer, a, an, new, old)

(2) 은선이는 하루에 4시간 일본어를 공부한다.

= Eun-seon studies Japanese _____.

(a, an, day, hours, the, four, three)

4 다음 중 빈칸에 The[the]를 쓸 수 없는 것을 고르세요.

① The stars shine in _____ sky.

② We play _____ basketball after school.

③ I have a cat. _____ cat is white.

④ _____ world is wide.

⑤ She played _____ guitar with her feet.

5 다음 그림을 보고 부정관사가 필요하면 a/an을 쓰고, 필요하지 않으면 X를 표시하세요.

(1)

Is there a PC room on _____ train?

(2)

She went to Busan by _____ train.

6 그림을 보고 빈칸에 알맞은 관사를 쓰세요.

I have _____ dog.

There is _____ umbrella.

The sun is in _____ sky.

7 빈칸에 a, an, the 중 알맞은 말을 쓰세요. (불필요하면 X를 표시하세요.)

(1) Kate can play _____ flute.

(2) My father plays _____ golf every weekend.

(3) He is _____ big fan of Britney Spears.

(4) _____ earth moves around _____ sun.

(5) There is _____ CD on the table. _____ CD is mine.

8 다음 빈칸에 들어갈 알맞은 말을 고르세요.

A: I play _____ violin in my free time.
B: Wow, that sounds interesting.

① a   ② an   ③ the   ④ those   ⑤ these

Oral Test

Challenge 1 부정관사가 뭐예요?

[   ]라는 뜻으로, 셀 수 있는 단수 명사 앞에 사용하는 단어를 부정관사라 합니다.

Challenge 2 'a/an'은 언제 사용하나요?

(1) 'a/an'은 셀 수 있는 명사 앞에 붙어서 '하나의'라는 뜻을 가지고 있어요.
   셀 수 없는 것이나 둘 이상을 뜻할 때는 사용할 수 없고, 형용사만 있는 경우에도 쓸 수 없답니다.

   a book (O)   a water (X)   a Seoul (X)   a happy (X)

(2) 대부분의 명사 앞에는 'a'를 써요. 하지만 첫소리가 모음 'a, e, i, o, u'로 소리 나는 단어 앞에는 '[   ]'
   을 써요.

   an apple, **an** egg, **an** orange, **an** hour, **an** honest man, **an** MP3 player

Challenge 3 'a/an'을 붙일 수 없는 경우는 언제예요?

(1) [   ] 앞에 : a dogs (X), a dishes (X), a men (X)
(2) [   ] 앞에 : a Korea (X), a Mi-seon (X), an English (X)
(3) [   ] 앞에 : a water (X), a bread (X), a money (X)

Challenge 4 정관사 the는 언제 쓰는 건가요?

앞서 언급한 특정한 명사, 또는 말하는 사람이나 듣는 사람이 이미 알고 있는 '특정한 것', '바로 그것'의 뜻으로 사
용한답니다.
세상에 하나 밖에 없는 자연 앞에, 그리고 악기 앞에는 항상 [   ]를 써요.

   the sun, **the** earth, **the** moon, **the** sky, **the** violin, **the** piano, **the** cello, **the** guitar. etc.

Challenge 5 관사를 쓰지 않는 경우를 알고 있나요?

식사, 운동, 과목명(학문) 앞에 그리고 고유명사 앞에는 [   ]를 쓰지 않는답니다.

   breakfast, dinner, lunch, tennis, soccer, baseball, math, America, Kim tae-hee, English

1 다음 중 빈칸에 (The)the를 쓸 수 <u>없는</u> 것은?

① The stars shine in _____ sky.
② We play _____ basketball after school.
③ She played _____ cello for me.
④ I have a dog. _____ dog is white.
⑤ _____ earth moves around the sun.

2 다음 빈칸에 들어갈 알맞은 말을 고르세요.

> There are _____ in the farm.

① six cat
② three doges
③ four sheeps
④ two henes
⑤ ten cows

3 괄호 안의 단어를 이용하여 문장을 완성하세요.

(1) 여섯 명의 학생들이 교실에 있다. (student)
_____ are in the classroom.

(2) 테이블 위에 피자 두 조각이 있다. (slice, pizza)
There are _____ on the table.

(3) 우리는 강아지 세 마리를 키운다. (dog)
We keep _____.

4 각 문장을 어법에 맞게 고치세요.

(1) They are honest woman.
_____

(2) In autumn, the leaf are yellow and red.
_____

5 다음 우리말과 뜻이 같도록 괄호 안의 단어를 배열하여 쓰세요.

> 질문 있나요? (a, have, question)

Do you _____ _____
_____?

6 다음 단어의 복수형이 <u>잘못</u> 짝지어진 것은?

① knife - knives
② woman - women
③ city - cities
④ mouse - mouses
⑤ photo - photos

7 빈칸에 공통으로 들어갈 알맞은 것은?

> She cut the cake into four _____.
> He gave me three _____ of paper.

① loaves
② pieces
③ sheets
④ bottles
⑤ pairs

8 빈칸에 들어갈 말로 알맞지 <u>않은</u> 것은?

> I have a _____.

① brother
② bicycle
③ friend
④ watch
⑤ water

9 빈칸에 들어갈 알맞은 말을 고르세요.

> There is a _____.

① women
② child
③ potatoes
④ bread and milk
⑤ water

10 다음 밑줄 친 부분을 어법에 맞게 고치세요.

(1) Four ladys are in the garden.

(2) In America, husbands call their wifes by their names.

11 괄호 안의 알맞은 관사를 골라 대화를 완성하세요.

(1) A: Look at a boy over there.
 B: You mean [a / the] boy standing beside the tree?
 A: Yeah, that's right.

(2) A: I'd like to eat a hamburger.
 B: [A / The] hamburger in this restaurant is very good.

12 다음 대화의 빈칸에 들어갈 알맞은 말은?

Run: It's very hot today. I'm very thirsty.
 I need some water.
Rachel: There are three _____.
 You may drink a glass of water.
Run: Thanks a lot.
Rachel: It's my pleasure.

① cup of water ② glass of waters
③ cups of waters ④ glasses of water
⑤ glass of water

13 다음 밑줄 친 부분 중 쓰임이 어색한 것을 고르세요.

After shopping, they were very tired and hungry. They sat down at the snack bar. Sunny bought ① two pieces of pizza and ② two milk. Karen had a coke. She also ③ ate doughnuts. They ④ stayed there for 3 hours. They ⑤ had fun.

14 다음 빈칸에 알맞은 말이 순서대로 짝지어진 것은?

My father is _____ engineer.
My cat is _____ wonderful pet.
_____ moon is round.

① a - an - The ② a - the - An
③ an - a - The ④ an - the - A
⑤ the - an - A

15 빈칸에 알맞은 말을 쓰세요.

(1) A: It is very cloudy today.
 B: Take _____ umbrella with you.

(2) A: Jason, pass me _____ sugar, please.
 B: Here you are.

16 다음 밑줄 친 부분 중 쓰임이 어색한 것을 고르세요.

You can play this game with ① a ball. You kick or throw ② the ball into a goal post. In this sport, there are ③ eleven player on a team. Do you know what ④ this sport is? In Korea, the famous player is Park Ji-sung. Can you guess what this is? It is ⑤ soccer.

17 빈칸에 a/an을 쓸 수 없는 문장은?

① I have _____ socks.
② Yoon-seon is _____ kind friend.
③ There is _____ MP3 player.
④ I have _____ CD player.
⑤ I want _____ cup of coffee.

아름다운 우리나라

In Korea, There are four (season) in a year. (A)_____ weather is wonderful. Spring begins in March. In spring, (B)_____ weather becomes warmer, and plants start to grow again. Many (flower) appear, and the grass comes out. Summer comes after spring. In summer, it's very hot. Sometimes it rains a lot. We play at the beach and swim in the sea. In fall, the weather is clear and cool. The (leaf) turn red and yellow. There are a lot of different fruits. Winter is (C)_____ last season of the year. It is cold and windy in winter. It snows a lot. We can go skiing and skating in winter. (D)_____ weather in Korea is not always the same.

1 위 글의 제목으로 알맞은 것은?

① The Wonderful Weather ② Many Flowers of Korea

③ A lot of Different Fruits ④ Winter Sports of Korea

⑤ Korea's Four Seasons

2 괄호 안에 있는 season, flower, leaf를 올바른 형태로 고쳐 쓰세요.

_____ _____ _____

3 위 글의 (A) – (D)에 공통으로 들어갈 한 단어를 쓰세요.

_____

A 보기와 같이 알맞은 부정관사를 이용하여 사진을 묘사하는 말하기 연습을 하세요. 연습이 한번 끝난 후 서로 역할을 바꿔 다시 말하기 연습을 하세요.

Tom / ?

➡ auto mechanic

What does Tom do for a living?

A

He is an auto mechanic.

B

1

your father / ?

➡ firefighter

2

your aunt / ?

➡ English teacher

B 보기와 같이 주어진 명사를 이용하여 말하기 연습을 하세요. 연습이 한번 끝난 후 서로 역할을 바꿔 다시 말하기 연습을 하세요.

➡ sandwich / glass milk

What do you usually have for breakfast?

A

I usually have a sandwich with a glass of milk for breakfast.

B

1

➡ hamburger / bottle juice

2

➡ doughnut / cup green tea

Chapter **2**

출제의도 | 명사의 복수형과 부정관사의 쓰임
평가내용 | 실생활에서 자주 사용하는 명사의 복수형과 올바른 부정관사의 쓰임 알기

서술형 유형	12점
난이도	중하

A 다음은 Jason의 중학교 입학을 위하여 엄마와 함께 구입할 물건들입니다. 사진을 보고 보기와 같이 완전한 문장으로 서술하세요.

보기

I will buy some (five) pencils. _____

1  2  3

4  5  6

1 _____

2 _____

3 _____

4 _____

5 _____

6 _____

평가영역	채점기준	배점
유창성(Fluency) & 정확성(Accuracy)	6개의 문장을 모두 올바른 표현과 함께 정확하게 완성한 경우 (문법, 철자가 모두 정확한 경우)	6×2 = 12점
	관사, 명사의 단, 복수형을 바르게 사용하지 못한 경우	문항 당 1점씩 감점
	내용과 전혀 일치하지 않거나 답을 기재하지 못한 경우	0점

실전 서술형 평가 문제

B 다음은 Sarah와 Brian이 엄마의 심부름으로 내일 마트에서 구입할 물품들입니다. 주어진 사진을 보고 무엇을 사야 할지 보기와 같이 완전한 문장으로 나타내세요.

보기

(pizza)

We will buy three slices of pizza tomorrow.

1 　　2 　　3

4 　　5

1 _____ (water)

2 _____ (bread)

3 _____ (orange)

4 _____ (milk)

5 _____ (paper)

평가영역	채점기준	배점
유창성(Fluency) & 정확성(Accuracy)	올바른 표현과 함께 정확하게 완성한 경우 (문법, 철자가 모두 정확한 경우)	5×2 = 10점
	명사의 복수형을 바르게 사용하지 못한 경우	문항 당 1점씩 감점
	내용과 전혀 일치하지 않거나 답을 기재하지 못한 경우	0점

출제의도 | 정관사 the의 쓰임 익히기
평가내용 | 정관사 the를 이용한 문장 완성

서술형 유형	5점
난이도	하

C 다음 보기와 같이 주어진 단어를 넣어 문장을 완성하세요. 정관사가 필요한 곳에는 the를 쓰세요.

보기

The moon is moving around ____the earth____ .

1

2

3

4

5

1 She is playing _____ .

2 She is watching _____ .

3 The students are having _____ .

4 Seoul is _____ of Korea.

5 We go to _____ from Monday to Friday.

평가영역	채점기준	배점
유창성(Fluency) & 정확성(Accuracy)	올바른 표현과 함께 정확하게 완성한 경우 (문법, 철자가 모두 정확한 경우)	5×1 = 5점
	정관사 the를 바르게 사용하지 못한 경우	문항 당 1점씩 감점
	내용과 전혀 일치하지 않거나 답을 기재하지 못한 경우	0점

Chapter 3
일반동사

Unit 1 • 일반동사의 쓰임

They **run**.
그들은 달린다.

He **eats** spaghetti.
그는 스파게티를 먹는다.

① 일반동사는 be동사와 조동사를 제외한, 모든 움직임이나 동작을 나타내는 동사입니다. be동사와 달리 '동작, 행위'를 중심으로 표현하지만, 무조건 몸의 동작만을 말하는 것이 아니라, 마음의 움직임, 생각의 움직임 (want, need, feel, love, think)을 나타내는 동사들도 있어요.

They **are** students. 그들은 학생이다. (be동사는 주어의 행위를 설명 못함.)

They **study** in the library. 그들은 도서관에서 공부한다. (일반동사는 주어의 상태를 설명 못함.)

	공통점	차이점
be동사 (am, is, are)	문장에서 동사 역할	be동사는 주어의 **상태 표현**
일반동사 (go, run, sleep, come...)		일반동사는 주어의 **움직임, 행위 표현**

② 1인칭 주어(I, we), 2인칭 주어(you)를 제외한 3인칭 단수(he, she, it, Mary, a dog, my dad)일 때 동사원형 뒤에 −s나 −es를 붙여요.

My father **finishes** work at six o'clock. 우리 아버지는 여섯시에 일을 마치신다.

She **drives** a taxi. 그녀는 택시를 운전한다.

야! 여기
일반에 동사가
누구야?

기본기 탄탄 다지기

1 완전한 문장이 되도록 알맞은 동사를 골라 보세요.

(1) I (go / goes) to school.

(2) You (go / goes) to school.

(3) He (go / goes) to school.

(4) She (go / goes) to school.

(5) It (go / goes) to school.

(6) We (go / goes) to school.

(7) You (go / goes) to school.

(8) They (go / goes) to school.

Unit 2 ● 일반동사의 3인칭 현재 단수형을 만드는 규칙

William plays the drum every day.
William은 매일 드럼을 연주한다.

She studies English.
그녀는 영어를 공부한다.

① 주어가 3인칭 단수일 때 일반동사 뒤에 −(e)s를 붙이는 방법을 하나씩 배워볼까요?

−o, −s, −ch, −sh, −x 로 끝나는 동사 뒤에 + −es 붙이기	go - go**es** do - do**es** finish - finish**es**	watch - watch**es** wash - wash**es**	fix - fix**es** pass - pass**es**
『자음 + y』로 끝나는 동사 → y를 i로 고치고 −es 붙이기	try - tr**ies** fl**y** - fl**ies**	stud**y** - stud**ies**	cry - cr**ies**
『모음 + y』로 끝나는 동사 → y 뒤에 −s만 붙이기	play - play**s** say - say**s**	buy - buy**s** stay - stay**s**	enjoy - enjoy**s**
불규칙	have - **has**		

Chapter **3**

기본기 탄탄 다지기

1 주어가 3인칭 단수일 때, 일반동사의 3인칭 단수형 규칙에 따라 형태를 고쳐 쓰세요.

wash	watch	have	catch
mix	push	finish	fix
go	teach	do	box

(1) '−ch'로 끝나는 동사 = + −es

_____

(2) '−sh'로 끝나는 동사 = + −es

_____

(3) '−x'로 끝나는 동사 = + −es

_____

(4) '−o'로 끝나는 동사 = + es

_____

(5) 규칙을 따르지 않는 동사

_____

mix v. ~을 섞다
push v. 밀다
finish v. 끝내다(마치다)
fix v. 고정시키다, 고치다
box v. 상자에 넣다

▶3인칭 단수 현재형 어미인 −s/−es 의 발음
1. 무성음(p, k, t, f 등) 뒤에서 : /s/로 발음 (예: likes, helps)
2. 유성음(b, g, d, v, 모음 등) 뒤에서 : /z/로 발음 (예: plays, loves)
3. −s, −ch, −sh, −x 로 끝나는 동사 뒤에서: /iz/로 발음 (예: teaches, catches)

1 다음 주어의 변화에 따라 알맞은 동사 형태를 쓰세요.

주어	I / You / We / They	He, It, She, Tom
동사	laugh	
	learn	
	like	
	meet	
	touch	
	mix	
	kiss	
	brush	
	help	
	cry	
	buy	
	study	
	have	
	enjoy	
	try	

2 괄호 안에서 알맞은 동사를 골라 보세요.

(1) We (do, does) our homework.

(2) He (have, has) some money.

(3) The horse (run, runs) fast.

(4) Roy and Tom (pass, passes) the exam.

(5) The baby (cry, cries) loudly.

(6) She (drive, drives) a taxi.

(7) They (sing, sings) in the concert.

(8) Mi-seon and I (work, works) at a bank.

(9) Some people (walk, walks) to their home.

(10) A bird (fly, flies) in the sky.

homework n. 숙제, 과제
horse n. 말
loudly ad. 크게, 시끄럽게

서술형 기초 다지기 ❶

1 주어진 동사의 3인칭 단수 현재형을 쓰세요.

(1) have - _____   (2) like - _____   (3) know - _____

(4) wash - _____   (5) teach - _____   (6) play - _____

(7) go - _____   (8) make - _____   (9) come - _____

2 괄호 안에서 알맞은 것을 고르세요.

(1) We (needs, need) your help.

(2) He (study, studies) French every day.

(3) My mother (play, plays) the cello well.

3 보기에서 알맞은 말을 골라 빈칸에 쓰세요.

speak	goes	play	read

(1) Mike and Jane _____ badminton after school.

(2) They _____ a little English.

(3) My sister _____ to church every Sunday.

(4) I _____ the news on the Internet every morning.

4 우리말과 뜻이 같도록 괄호 안의 말을 이용하여 문장을 완성하세요.

(1) Sunny는 온라인 게임을 좋아한다. (like)

_____ _____ online games.

(2) 그는 내 음악 파일을 원한다. (want)

_____ _____ my music files.

(3) 그들은 매일 일요일에 농구를 한다. (play)

_____ _____ basketball every Sunday.

(4) Tom은 매우 열심히 일한다. (work)

_____ _____ very hard.

5 밑줄 친 일반동사를 현재형으로 바꿔 쓰세요.

(1) She <u>go</u> to school by bike.   _____

(2) My father <u>work</u> at a bank.   _____

(3) Jane <u>come</u> from America.   _____

6 우리말과 의미가 같도록 빈칸에 알맞은 말을 쓰세요.

(1) Jane은 피아노를 치고 아이들은 노래를 한다.

Jane _____ the piano, and her children sing a song.

(2) Susan은 매일 버스를 타고 학교에 간다.

Susan _____ to school by bus every day.

(3) Tom은 아침 식사 전에 세수를 한다.

Tom _____ his face before breakfast.

7 괄호 안에 주어진 동사를 어법에 맞도록 빈칸에 쓰세요.

(1) The concert _____ at seven thirty. (finish)

(2) Karen usually _____ at night. (study)

(3) Yoon-seon _____ very fast. (run)

(4) Mr. Simth _____ three sons. (have)

8 알맞은 동사의 현재형에 동그라미 하세요.

(1) She (study, studys, studies, styudyes) science very hard.

(2) Jack (listen, listens, listenes) to classical music.

(3) He (go, gone, goes) to the Korean International School.

(4) I (have, haves, has) a problem.

(5) Who (say, says, sayes) you're handsome or smart?

(6) All the girls (cry, crys, cryes, cries) for me.

(7) Everybody (play, plays, plaies, playes) the piano.

Oral Test

Challenge 1 일반동사가 뭐예요?

일반동사는 be동사와 조동사를 제외한 나머지 동사로 'run(달리다), go(가다), dance(춤추다), love(사랑한다)'와 같이 움직임이나 행위를 나타내는 동사를 가리켜 '[   ]'라고 해요. 즉, 주어의 동작이나 상태를 표현합니다.

Challenge 2 일반동사는 왜 'go'와 'goes' 두 가지가 있나요?

일반동사의 현재형은 주어가 3인칭 단수인 경우를 제외하고, 모두 동사원형을 그대로 써요.
단, 주어가 3인칭 단수일 경우에만 특별하게 모양이 변한답니다.

I go to school. 나는 학교에 간다.

You [   ] to school.
너는 학교에 간다.

We [   ] to school.
우리는 학교에 간다.

They [   ] to school.
그들은 학교에 간다.

She goes to school. 그녀는 학교에 간다.

He [   ] to school.
그는 학교에 간다.

Tom [   ] to school.
Tom은 학교에 간다.

Sunny [   ] to school.
Sunny는 학교에 간다.

Challenge 3 일반동사의 3인칭 단수형을 만드는 방법을 알고 있나요?

주어가 [   ]일 때 일반적으로 '동사원형+-(e)s'로 변하지만 형태에 따라 예외인 경우가 있어요.

-o, -s, -ch, -sh, -x 로 끝나는 동사 뒤에 + [ ] 붙이기	go - [ ]	pass - [ ]	watch - [ ]
	wash - [ ]	fix - [ ]	
『자음 + y』로 끝나는 동사 → y를 i로 고치고 [ ] 붙이기	study - [ ]	cry - [ ]	try - [ ]
	marry - [ ]		
『모음 + y』로 끝나는 동사 → y 뒤에 -s만 붙이기	play - [ ]	buy - [ ]	say - [ ]
	enjoy - [ ]		
불규칙	have - [ ]		

명사의 복수형 만드는 규칙과 비슷하죠?

Unit 3 • 일반동사의 과거형

Erika **worked** in a hospital last year.
Erika는 작년에 병원에서 일을 했다.

She **helped** sick people.
그녀는 아픈 사람들을 도왔다.

It **rained** yesterday.
어제 비가 내렸다.

She **needed** an umbrella.
그녀는 우산이 필요했다.

① 일반동사의 과거형을 만들 때는 주어의 단수, 복수와 관계없이 동사원형에 −d또는 −ed를 붙여주기만 하면 돼요. 우리말 '~했(었)다'의 뜻이에요.

I **visited** Japan last year. 나는 작년에 일본을 방문했다.　　He **studied** last night. 그는 지난밤에 공부했다.

The KTX **arrived** at Busan Station. KTX 열차가 부산역에 도착했다.

② 과거시제는 과거에 시작된 동작이나 상태가 과거에 이미 끝난 것을 나타내요. 따라서 현재와는 아무런 관련이 없답니다.

The Korean War **broke** out in 1950. 한국전쟁은 1950년에 일어났다.

Yu-na Kim **won** the gold medal in women's figure skating in the 2010 Winter Olympics.
김연아가 2010 동계올림픽 여자 피겨 스케이팅에서 금메달을 땄다.

③ 과거시제는 주로 과거를 명확히 나타내는 yesterday, last week(year, month), 'in + 과거 연도', then, ago 등과 함께 자주 써요.

We **played** volleyball yesterday. 우리는 어제 배구를 했다.

기본기 탄탄 다지기

1 일반동사의 과거형은 주어의 인칭에 관계없이 동사원형에 [　　　] 또는 [　　　] 를 붙여 만들어요.

2 다음 문장 중 **틀린** 것을 고르세요.

① I studied English yesterday.

② She went to school every day.

③ Jason had a great time last month.

④ He started to learn playing the piano in 2002.

⑤ They played basketball three days ago.

큰 형님의 과거는
어두웠다.

Unit 4 ● 일반동사 과거형의 규칙 변화

Columbus **discovered** America in 1492. John **married** Olivia last month.
콜럼버스가 1492년에 아메리카를 발견했다. John은 Olivia와 지난달에 결혼했다.

① 일반동사의 과거형은 −(e)d를 붙이는 규칙 변화형이 있고, 동사 원래의 모양 자체가 변하는 불규칙 변화형이 있어요. 그럼 이제 규칙 변화형을 공부해 볼까요?

대부분의 동사: 동사원형 뒤에 −ed를 붙임	show → show**ed** visit → visit**ed**	help → help**ed** walk → walk**ed**
−e로 끝나는 동사: 동사원형 뒤에 −d를 붙임	like → like**d** love → love**d**	live → live**d** move → move**d**
『자음 + y』로 끝나는 동사: y를 i로 고치고 −ed를 붙임	study → stud**ied** try → tr**ied**	cry → cr**ied** marry → marr**ied**
『모음 + y』로 끝나는 동사: y 뒤에 −ed를 붙임	play → play**ed** stay → stay**ed**	enjoy → enjoy**ed**
『단모음 + 단자음』으로 끝나는 동사: 자음을 한 번 더 쓰고 −ed를 붙임	stop → stop**ped** plan → plan**ned**	drop → drop**ped**

Chapter 3

기본기 탄탄 다지기

1 다음 동사의 과거형을 쓰세요.

(1) walk - _____

(2) love - _____

(3) stop - _____

(4) play - _____

(5) carry - _____

(6) wash - _____

(7) move - _____

(8) jump - _____

(9) study - _____

(10) dance - _____

▶일반동사의 과거형에서 −(e)d의 발음
1. −(e)d 바로 앞의 발음이 유성음일 때 [d]로 발음 ex) lived, opened, cried, answered, traveled, ...
2. −(e)d의 바로 앞의 발음이 무성음 [f], [k], [p], [s], [ʃ], [tʃ]일때 [t]로 발음 ex) liked, hoped, washed, ...
3. −(e)d 바로 앞의 발음이 [d]나 [t]일때 [id]로 발음 ex) ended, needed, started, wanted, visited, ...

Unit 5 ● 일반동사 과거형의 불규칙 변화

We **saw** a great movie last night.
우리는 지난밤에 멋진 영화를 봤다.

My dad **began** his work last year.
아빠는 작년에 일을 시작하셨다.

1 동사원형에 −(e)d를 붙이지 않고 동사 자체의 과거(분사)형태를 가지는 동사를 불규칙 변화 동사라고 해요.
많이 읽어보고 반복하면서 자연스럽게 암기를 해야 해요.

A − A − A 형	cut-cut-cut / set-set-set / put-put-put / let-let-let / read-read[red]-read[red]
A − B − A 형	come-came-come / become-became-become / run-ran-run
A − B − B 형	tell-told-told / teach-taught-taught / lose-lost-lost / leave-left-left / build-built-built
A − B − C 형	eat-ate-eaten / write-wrote-written / know-knew-known / begin-began-begun

기본기 탄탄 다지기

1 빈칸에 동사의 과거형을 쓰세요.

(1) forget - _____   (2) build - _____

(3) stay - _____   (4) see - _____

(5) swim - _____   (6) think - _____

2 괄호 안에 알맞은 과거형을 고르세요.

(1) She (visited / visitted) the air museum.

(2) He (becomed / became) a scientist.

(3) We (eated / ate) lunch at an Italian restaurant yesterday.

(4) Last night, he (studied / studyed) English for two hours.

(5) Yesterday, I (meeted / met) Billy on the street.

(6) My children and I (spended / spent) two days in New York last week.

(7) Yoon-seon (teached / taught) history three years ago.

> visit v. 방문하다
> museum n. 박물관
> scientist n. 과학자
> spend v. 쓰다, (시간을) 보내다
> history n. 역사

서술형 기초 다지기 ❷

1 밑줄 친 부분을 어법에 맞게 고치세요.

(1) Mary <u>take</u> a taxi last night. _____

(2) Mi-seon <u>come</u> home late yesterday. _____

(3) Yesterday the vending machine <u>eats</u> my money. _____

(4) I <u>have</u> a wonderful time last Saturday. _____

2 다음 빈칸에 주어진 동사의 알맞은 형태를 쓰고, 글의 내용에 맞도록 그림의 순서를 바르게 나열하세요.

> Last Sunday morning I _____ (be) very busy. I _____ (clean) my room from 7 to 8. Then I _____ (wash) my father's car with my family. After washing it, I _____ (eat) lunch with my family. Finally, I _____ (play) tennis with my father. It _____ (be) a really busy morning. But I _____ (have) a good time with my family.

①  ②  ③  ④

_____ ➡ _____ ➡ _____ ➡ _____

3 괄호 안에서 알맞은 것을 고르세요.

(1) We (studies / studied / study) history yesterday.

(2) He (goes / go / went) to the movies last night.

(3) She (play / plays / played) badminton every morning.

(4) My father (brush / brushes / brushed) his teeth three times a day.

4 동사의 과거형을 쓰세요.

(1) look - _____   (2) walk - _____

(3) like - _____   (4) love - _____

(5) cry - _____   (6) study - _____

(7) stop - _____   (8) get - _____

(9) meet - _____   (10) eat - _____

5 괄호 안의 단어를 빈칸에 알맞은 형태로 고쳐 쓰세요.

(1) Christina _____ the dishes every evening. (wash)

(2) They _____ their trip to Europe last year. (love)

(3) We _____ our parents last Tuesday. (help)

(4) He _____ a gift to his girlfriend yesterday. (send)

6 빈칸에 들어갈 알맞은 말로 짝지어진 것을 고르세요.

> A: I _____ to the library last Sunday. How about you?
>
> B: I _____ a bicycle with my father.

① go - ride   ② goes - rides   ③ go - rode

④ went - rided   ⑤ went - rode

7 표 안의 문장을 읽고, 일반동사 과거형의 정확한 발음을 읽고 V 표시하세요.

	[t]	[d]	[id]
(1) He helped me yesterday.			
(2) Roy finished his homework last night.			
(3) We answered the difficult problems.			
(4) She arrived at the Incheon Airport.			
(5) The game started at 7:00.			

Oral Test

Chapter 3

Challenge 1 일반동사의 과거형이 뭐예요?

일반동사의 과거형은 주어의 인칭에 관계없이 형태가 같고, 동사원형에 [　　　　]를 붙이는 규칙 변화와 불규칙 변화 형태가 있어요. be동사와는 달리, 주어의 인칭이나 수에 따라 변화하지 않아요.

Challenge 2 일반동사의 과거형은 어떻게 만드나요?

동사원형에 −(e)d를 붙여요.

대부분의 동사	동사원형 + [　　　] 붙임	show → [　　　]	help → [　　　]
−e로 끝나는 동사	동사원형 + [　　　] 붙임	like → [　　　]	live → [　　　]
『자음 + y』로 끝나는 동사	[　　　] 고치고 −ed 붙임	study → [　　　]	cry → [　　　]
『모음 + y』로 끝나는 동사	[　　　] 붙임	play → [　　　]	enjoy → [　　　]
『단모음 + 단자음』으로 끝나는 동사	[　　　] 쓰고 −ed 붙임	stop → [　　　]	plan → [　　　]

Challenge 3 일반동사의 불규칙은 어떻게 만드나요?

일반동사의 현재형과 과거형의 모양이 불규칙하게 달라지는 동사를 의미해요.

go ➡ [　　　]　　　begin ➡ [　　　]　　　eat ➡ [　　　]

come ➡ [　　　]　　　become ➡ [　　　]　　　buy ➡ [　　　]

lose ➡ [　　　]　　　sit ➡ [　　　]　　　meet ➡ [　　　]

sing ➡ [　　　]　　　do ➡ [　　　]　　　make ➡ [　　　]

run ➡ [　　　]　　　write ➡ [　　　]　　　find ➡ [　　　]

Unit 6 ● 일반동사의 부정문

Preview

I **don't watch** TV very often.
나는 TV를 자주 보지 않는다.

Sarah **doesn't** like scary movies.
Sarah는 공포영화를 좋아하지 않는다.

1 동사 앞에 'do not + 동사원형'을 써서 부정문을 만들어요. 일상 영어에서는 do not을 줄인 don't를 많이 써요.

I **don't have** a cell phone now. 나는 지금 휴대전화를 갖고 있지 않다.

We **don't have** classes on weekends. 우리는 주말에 수업이 없다.

You **don't understand** me. 너는 나를 이해하지 못해.

2 주어가 3인칭 단수(he, she, it...)인 경우에는 'does not + 동사원형'을 써요.
줄임말인 doesn't를 많이 써요.

She **doesn't care** about money. 그녀는 돈에 신경 안 써.

Kathy **doesn't like** her pet dog. Kathy는 그녀의 애완견을 좋아하지 않는다.

기본기 탄탄 다지기

1 일반동사의 부정문을 만들 때는 주어가 1, 2인칭 단수, 복수와 3인칭 복수이면 일반동사 앞에 [＿＿＿＿＿＿＿]를 붙여 줍니다. 단, 주어가 3인칭 단수이면 [＿＿＿＿＿＿＿]를 일반동사 앞에 쓰고 일반동사는 동사원형을 씁니다.

2 주어진 동사를 이용하여 부정문을 완성해보세요.

(1) You ＿＿＿＿＿＿ ＿＿＿＿＿＿ together. (sing)

(2) The man ＿＿＿＿＿＿ ＿＿＿＿＿＿ back home. (come)

(3) My parents ＿＿＿＿＿＿ ＿＿＿＿＿＿ you. (know)

(4) We ＿＿＿＿＿＿ ＿＿＿＿＿＿ our homework. (do)

Unit 7 • 일반동사의 Yes/No 의문문

Q: **Does** Nancy wear glasses?
Nancy는 안경을 끼니?

A: Yes, she **does**.
응. 그래.

Q: **Does** she wear glasses all the time?
그녀는 항상 안경을 끼고 있니?

A: No, she **doesn't**.
아니.

1 일반동사의 의문문은 Do/Does를 문장 맨 앞으로 보내고 물음표를 붙여요. 주어가 3인칭 단수일 경우 Does를 사용합니다.

Do	I, you, we, they, my parents, students 등 (1, 2인칭 주어, 복수 주어)	+ 동사원형~?
Does	he, she, it, Mr. Smith 등 (3인칭 단수 주어일 때)	

Do you like classical music? 너는 고전 음악을 좋아하니?

Does she jog every morning? 그녀는 매일 아침 조깅을 하니?

2 의문문에 대한 대답은 do나 does를 사용하여 짧게 하고, 주어에 알맞은 대명사로 바꿔서 대답하는 것을 잊지 마세요!

Does Peter take a tennis lesson? Peter는 테니스 수업을 받니?

긍정일 때 - Yes, **he does**.

부정일 때 - No, **he doesn't**.

기본기 탄탄 다지기

1 괄호 안의 주어진 동사를 이용하여 의문문을 완성해보세요.

(1) _____ Yoon-seon _____ to the library? (walk)

(2) _____ the cheetah _____ fast? (run)

(3) _____ Tom and Jane _____ at home? (stay)

(4) _____ the woman _____ the room? (clean)

(5) _____ you _____ TV every evening? (watch)

library n. 도서관
clean v. 청소하다
watch v. 보다

▶ 의문문에 대한 대답(현재)
Yes, I/you/we/they + do.
No, I/you/we/they + don't.
Yes, he/she/it + does.
No, he/she/it + doesn't.

Preview

She **didn't have** a dishwasher 10 years ago. 그녀는 10년 전에 식기세척기가 없었다.

Q: **Did** Susan and you play tennis last weekend? 지난 주말에 Susan과 너는 테니스를 쳤니?
A: Yes, we **did**. We had a good time. 그래. 그랬어. 우리는 즐거운 시간을 보냈어.

① 일반동사 과거형의 부정문은 주어가 무엇이든 관계없이 did not(=didn't)를 쓰고 동사는 원형 그대로 있으면 돼요.

He **didn't bring** his partner. 그는 파트너를 데려오지 않았다.
Many women **didn't have** jobs in 1950. 1950년에는 많은 여성들이 직업이 없었다.

② 과거형의 의문문은 주어가 무엇이든 관계없이 Did를 주어 앞에 쓰고 물음표(?)를 쓰면 돼요. 대답은 Yes/ No 를 이용한 did/ didn't로 대답하기만 하면 돼요.

인칭, 수 관계없이 Did 사용	I, you, we, they, my parents, students 등 (1, 2인칭 주어, 복수 주어)	+ 동사원형~?
	he, she, it, Mr. Smith 등 (3인칭 단수 주어일 때)	

Did she drink coffee in the morning? 그녀는 아침에 커피를 마셨니?
Yes, **she did**. 응, 마셨어. / No, **she didn't**. 아니, 마시지 않았어.

기본기 탄탄 다지기

1 괄호 안에서 알맞은 것을 골라 보세요.

(1) My daughter didn't (wake / wakes / woke) up at 7.

(2) Did Tom (play / plays / played) soccer with his friends?

(3) I (doesn't / didn't) have a good time yesterday.

(4) (Does / Did) they live in Seoul last year?

wake up 일어나다, 잠깨다
last year 작년

2 주어진 문장을 의문문으로 바꾸고 대답도 쓰세요.

(1) Christina visited the museum.

➡ _____? Yes, _____.

(2) Eun-seon bought a notebook.

➡ _____? No, _____.

(3) They left for America.

➡ _____? Yes, _____.

▶의문문에 대한 대답(과거)
Yes, I/you/we/they + did.
No, I/you/we/they + didn't.
Yes, he / she / it + did.
No, he / she / it + didn't.
did만 이용해서 대답하면 돼요!

1 다음 문장을 보기와 같이 부정문으로 바꿔 쓰세요.

> She has two English dictionaries.
> ➡ She ___doesn't___ ___have___ two English dictionaries.

(1) Mark brushes his teeth every morning.

➡ He _____ _____ his teeth every morning.

(2) We exercise regularly.

➡ We _____ _____ regularly.

(3) You and Yoon-seon play the cello well.

➡ You and Yoon-seon _____ _____ the cello well.

2 다음 문장을 괄호 안의 지시에 따라 바꿔 영작하세요.

(1) You took a tennis lesson yesterday morning. (의문문으로)

➡ _____

(2) Do you come from Canada? (you를 → Dennis로 고쳐 의문문)

➡ _____

(3) My sister loves horror films. (부정문으로)

➡ _____

3 다음 문장을 부정문으로 바꿔 보세요.

(1) He met Sarah on the street.

➡ _____

(2) Fred swam in the sea.

➡ _____

(3) I bought a book yesterday.

➡ _____

4 다음 문장을 의문문으로 바꿔 보세요.

(1) You wrote a love letter.

➡ _____

(2) They ate ice cream for dessert.

➡ _____

(3) She used a pencil on the test.

➡ _____

5 그림을 보고 빈칸에 주어진 동사의 과거형과 부정형을 쓰세요.

(1)

We _____ (not go) fishing yesterday.
We _____ (go) on a picnic.

(2)

My friends _____ (not swim)
in a swimming pool. They _____
in the sea.

(3)

Roy and Sam _____ (not visit)
London. They _____ (visit) Paris.

(4)

We _____ (not ride) our bikes to
school yesterday. We _____ (walk).

6 괄호 안에서 알맞은 것을 고르세요.

(1) Susan didn't (enjoy / enjoyed) the trip to Wales a week ago.

(2) Did you (liked / like) the concert?

(3) Christina (went / goes) rollerblading last Saturday.

(4) We (didn't want / don't want) to stay at home last night.

(5) (Did / Does) the lesson end at 5:00? - Yes, it did.

(6) (Does / Did) Brian have a soccer ball? Yes, he does.

Oral Test

Chapter 3

Challenge 1 일반동사의 부정문을 만들 수 있나요?

* S(주어) + ☐ + V(동사원형)

* S(3인칭 단수) + ☐ + V(동사원형)

└─→ He, She, It, Mr. Smith 등

Challenge 2 일반동사의 의문문은 어떻게 만드나요?

'Do(Does)'를 문장 맨 앞으로 보내기만 하면 돼요. 주어가 3인칭 단수일 경우 ☐ 만 사용해요.

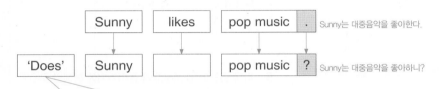

| Sunny | likes | pop music | . | Sunny는 대중음악을 좋아한다. |

| 'Does' | Sunny | | pop music | ? | Sunny는 대중음악을 좋아하니? |

Yes, she **does**. / No, she **does** not. (doesn't)

Challenge 3 과거형의 부정문은 어떻게 만드나요?

주어의 인칭과 수에 관계없이 무조건 '주어 + ☐ + 동사원형'의 형태로 나타내요.

I ☐ watch the movie on TV last night. 나는 어젯밤에 TV에서 그 영화를 보지 않았다.

Challenge 4 과거형의 의문문과 대답은 어떻게 하나요?

주어의 인칭과 수에 관계없이 무조건 'Did + 주어 + ☐ ...?'로 나타냅니다.

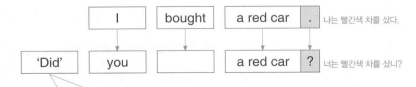

| I | bought | a red car | . | 나는 빨간색 차를 샀다. |

| 'Did' | you | | a red car | ? | 너는 빨간색 차를 샀니? |

Yes, I **did**. / No, I **did** not. (didn't)

1 밑줄 친 부분을 바르게 고쳐 쓰세요.

(1) My brother <u>don't</u> like horror films.

_____

(2) I'm tired. I didn't <u>slept</u> well last night.

_____

(3) <u>Does</u> your class end at 5:00?
  - Yes, it did.

_____

(4) Did you swim in the river last Sunday?
  - Yes, we <u>do</u>.

_____

2 보기에서 알맞은 말을 찾아 빈칸에 쓰세요.(필요하면 형태를 바꾸세요.)

make	take	send	go

(1) They _____ skiing last weekend.

(2) I _____ a bath last night.

(3) Mi-seon _____ a chocolate cake last Sunday.

(4) She _____ an email to her friend last night.

[3–5] 다음 대화의 빈칸에 알맞은 것을 고르세요.

3 A: Do you like pop music?
B: _____ I like classical music.

① No, I do.　　② No, I don't.
③ Yes, I do.　　④ Yes, I don't.
⑤ No, I'm not.

4 A: Did he buy the MP3 player yesterday?
B: _____

① Yes, he was.　　② No, he wasn't.
③ No, she wasn't.　　④ No, he did.
⑤ Yes, he did.

5 A: Do you use Internet bookstores?
B: Yes, _____

① you do.　　② you did.　　③ I don't.
④ I do.　　⑤ you don't.

6 다음 빈칸에 'Did(did)'가 들어가기에 어색한 곳은?

① When _____ Elvis Presley die?
② What _____ you do yesterday?
③ _____ she call me last night?
④ What _____ Marie Curie discover in 1898?
⑤ We _____ a good time at their wedding.

7 주어진 우리말에 맞도록 빈칸에 공통으로 들어갈 말은?

He _____ a terrible cold yesterday.
(그는 어제 심한 감기를 앓았다.)

Yoon-seon and I _____ Bulgogi for lunch.
(윤선이와 나는 점심으로 불고기를 먹었다.)

8 다음 빈칸에 공통으로 알맞은 말을 쓰세요.

A: _____ he have many fans?
B: Yes, of course. He's very popular.
A: But my mother _____ not like him very much.

9 밑줄 친 Do(do)의 쓰임이 나머지와 <u>다른</u> 것은?

① <u>Do</u> you like jazz music?
② I <u>do</u> not want some pizza.
③ We <u>do</u> not like to eat bananas.
④ <u>Do</u> they go to the movies every weekend?
⑤ My mom and I always <u>do</u> the dishes together.

10 다음 대화의 ⓐ와 ⓑ에 들어갈 말로 바르게 짝지은 것을 고르세요.

> A: Hello. Is Sunny there?
> B: Sunny? I don't know her. What does she _____ ⓐ _____ like ?
> A: Well, she is very tall and slim, and she has long blond hair.
> B: Does she _____ ⓑ _____ glasses?
> A: No, she doesn't.
> B: Oh, I see her. Hold on, please.

① see - have   ② seem - take
③ look - want   ④ look - wear
⑤ feel - wear

11 다음 중 어법상 바르지 <u>않은</u> 문장은?

① Did Karen pay 10 dollars for the ticket?
② We didn't won the game yesterday.
③ They did not become doctors.
④ She didn't watch TV last night.
⑤ Did he borrow your pen last week?

12 괄호 안의 동사를 빈칸에 알맞게 고쳐 쓰세요.

(1) I _____ the news in the newspaper this morning. (read)

(2) Christina and I _____ around Europe last year. (travel)

(3) They _____ lunch at an Italian restaurant yesterday. (eat)

(4) Eun-seon had a terrible cold. She _____ at home all day. (stay)

(5) He _____ a comedy show on TV last night. (watch)

13 밑줄 친 동사의 과거형 중 틀린 것은?

① My father <u>maked</u> a cheese cake for us.
② Tony <u>sang</u> a song at the party.
③ He <u>read</u> history books in the library.
④ They <u>opened</u> the box.
⑤ I <u>lost</u> my bag in the bus.

[14–15] 다음 밑줄 친 부분의 쓰임이 <u>어색한</u> 것은?

14 The shopping center ① <u>has</u> many ② <u>stores</u> in it. But I ③ <u>doesn't</u> ④ <u>find</u> a bookstore ⑤ <u>there</u>.

15 Last Sunday, We ① <u>played</u> soccer game. We ② <u>did</u> our best, but we ③ <u>losed</u>. Our coach ④ <u>cheered</u> us up. We ⑤ <u>decided</u> to win the next game.

Grammar in Reading

우리학교 멋쟁이 선생님들

David (English teacher)

Mr. David is short and bald. He is very nice. He ① <u>likes</u> to play soccer. We ② <u>love</u> his big smile. His nickname is "Mr. Happy Guy."

Joo Mi-seon (Math teacher)

Miss Joo is 30 years old, and she is single. She is very pretty, and she ③ <u>knows</u> it. ④ <u>Did</u> you know her nickname? Yes, it's "Princess."

Kim Min-ho (Music teacher)

Mr. Kim dances well. He is a good singer, too. His nickname is "Rain." Does he ⑤ <u>looks</u> like Rain? No, He is very ugly.

---

1 윗글의 밑줄 친 부분 중 어법상 어색한 부분을 고르시오. (2개)

2 윗글의 내용과 일치하도록 할 때 빈칸에 알맞은 것은?

> We call Mr. Kim "Rain" because _____.

① he is short and bald.　　　　② he is a happy guy.

③ he is single.　　　　④ he is good at playing soccer.

⑤ he is a good dancer and singer.

A 보기와 같이 현재시제를 이용하여 묻고 답하는 형식으로 말하기 연습을 하세요. 연습이 한번 끝난 후 서로 역할을 바꿔 다시 말하기 연습을 하세요.

Kathy / get up at 6:00 / ?

No ➡ at 7:00

Does Kathy get up at 6:00?

No, she doesn't. She gets up at 7:00.

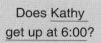

1

Justin / read a newspaper / ?

No ➡ a comic book

2

Rachel / study Japanese / ?

No ➡ English

 **B** 보기와 주어진 표현을 이용하여 사진을 묘사하는 말하기 연습을 하세요. 연습이 한번 끝난 후 서로 역할을 바꿔 다시 말하기 연습을 하세요.

Kevin / yesterday / ?

➡ play computer games

What did Kevin do yesterday?

He played computer games.

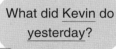

1

Sunny / yesterday / ?

➡ watch a movie on TV

2

Nancy / yesterday / ?

➡ work at a broadcasting station

실전 서술형 평가 문제

출제의도 | 정보를 이용하여 일반동사를 이용하여 의문문 만들기

평가내용 | 일반동사의 의문문과 대답문

서술형 유형	8점
난이도	하

A 다음 주어진 정보를 읽고 보기와 같이 Bill과 Betty가 방과 후 저녁에 하는 일에 대한 의문문을 만들고 알맞은 대답도 써보세요.

	Bill	Betty
watch a DVD	V	X
listen to music	V	V
go shopping	X	V
do homework	V	V
have an English lesson	X	X

보기

Q: Does Bill watch a DVD in the evenings?   A: Yes, he does.

Q: Does Betty watch a DVD in the evenings?   A: No, she doesn't.

1 Q: _____ A: _____

2 Q: _____ A: _____

3 Q: _____ A: _____

4 Q: _____ A: _____

5 Q: _____ A: _____

6 Q: _____ A: _____

7 Q: _____ A: _____

8 Q: _____ A: _____

평가영역	채점기준	배점
유창성(Fluency) & 정확성(Accuracy)	8개의 문장을 모두 올바른 표현과 함께 정확하게 완성한 경우 (문법, 철자가 모두 정확한 경우)	8×1 = 8점
	의문문 또는 대답을 바르게 쓰지 못한 경우	문항 당 1점씩 감점
	내용과 전혀 일치하지 않거나 답을 기재하지 못한 경우	0점

출제의도 | 주어진 정보를 이용하여 올바른 과거형 문장 쓰기
평가내용 | 일반동사의 과거형

서술형 유형	10점
난이도	중하

 보기와 같이 과거시제를 이용하여 Olivia가 지난주에 했던 일들을 쓰세요.

Monday

보기 wash some clothes

Olivia washed some clothes last Monday.

1

Tuesday

meet her friend

2

Wednesday

listen to music on the radio

3

Thursday

go to a party with friends

4

Friday

go to the movies

5

Saturday

buy a winter coat

1 _____

2 _____

3 _____

4 _____

5 _____

평가영역	채점기준	배점
유창성(Fluency) & 정확성(Accuracy)	5개의 문장을 모두 올바른 표현과 함께 정확하게 완성한 경우 (문법, 철자가 모두 정확한 경우)	5×2 = 10점
	과거시제를 바르게 쓰지 못한 경우	문항 당 1점씩 감점
	내용과 전혀 일치하지 않거나 답을 기재하지 못한 경우	0점

Chapter 3

출제의도 | 주어진 표를 이용하여 일반동사의 긍정문과 부정문 완성하기

평가내용 | 일반동사의 긍정문, 부정문

서술형 유형	8점
난이도	중하

C 다음 표의 내용을 보고 보기와 같이 현재시제를 이용한 문장을 각 2문장을 완성하세요.

	Do	Don't do
Jessica	go skateboarding	take baths
Brian	play soccer	watch news reports
Lisa and Kevin	learn yoga	eat fast food
Alex	fly model planes	brush his teeth
the children	walk to school	take a bus to school

보기 Jessica goes skateboarding. She doesn't take baths.

1 _____

2 _____

3 _____

4 _____

평가영역	채점기준	배점
유창성(Fluency) & 정확성(Accuracy)	4개의 문장을 모두 올바른 표현과 함께 정확하게 완성한 경우 (문법, 철자가 모두 정확한 경우)	4×2 = 8점
	일반동사의 현재형과 부정문을 틀리는 경우	문항 당 1점씩 감점
	내용과 전혀 일치하지 않거나 답을 기재하지 못한 경우	0점

Chapter 4
의문사

Preview

Q: **Who** is that cute girl?
저 귀여운 소녀는 누구니?

A: She is my new girlfriend.
내 새 여자 친구야.

Which do you like better, pizza or spaghetti?
피자와 스파게티 중 어느 것이 더 좋니?

① who: '누가, 누구', what: '무엇, 무엇이, 무엇을', whose: '누구의, 누구의 것', which: '어느 것(쪽), 어느 ~'라는 뜻으로 궁금한 것을 물어보고 싶을 때 사용하는 말이랍니다. 의문사를 이용해 궁금한 것을 물어보는 것이기 때문에 Yes나 No로 대답하면 안 돼요.

Q: **What** is it? 그것은 무엇이니?
A: It is a book. 그것은 책이야.

Q: **Who** teaches you English? 누가 너에게 영어를 가르쳐 주시니?
A: Mr. Smith (does). Smith 선생님이 가르쳐 주셔.

cf. who와 what이 문장에서 주어 역할을 할 때, 조동사 do/ does/ did를 쓰지 않아요.
What happened? / **Who** came yesterday?

궁금한게 있으면
그 열쇠를 사용해

기본기 탄탄 다지기

1 빈칸에 알맞은 의문사를 고르세요.

(1) Q: _____ did you do last weekend?
A: I went to Lotte World.

① Who ② Which ③ What ④ Whose

(2) Q: _____ wrote *The Lord of the Rings*?
A: J.R.R. Tolkien wrote it.

① Who ② Which ③ What ④ Whose

(3) Q: _____ do you like better, blue or white?
A: I like blue better.

① Who ② Which ③ What ④ Whose

▶의문문의 어순
1. be 동사가 있을 때
의문사 + be동사 + 주어?
Who is he?
2. 일반동사가 있는 의문사 의문문
의문사 + do(does, did) + 주어 + 동사원형?
What do you want?

The Lord of the Rings
반지의 제왕
wrote v. 썼다(write의 과거)

Unit 2 ● who, whose

Preview

Q: **Who** is sleeping in class?
수업 중에 누가 잠을 자고 있니?

A: Ava is sleeping.
Ava가 자고 있다.

Q: **Whose** is this sneakers?
이 운동화는 누구 거니?

A: They are Ted's.
Ted꺼야.

1 궁금한 것이 사람일 때 who를 써요.

Q: **Who** is the man? 저 사람은 누구니?
A: He is my grandfather. 나의 할아버지이셔.

Q: **Who** wants to go with me? 누가 나와 같이 가고 싶니?
A: My sister and I want to go with you. 제 여동생과 제가 같이 가고 싶어요.

2 whose는 궁금한 것이 '누구의' 또는 '누구의 것'일 때 사용해요.

Whose is this hat? (누구의 것: 대명사) 이 모자는 누구의 것이니?

Whose hat is this? (누구의: 형용사) 이것은 누구의 모자니?

It's mine. / It's my hat. / It's Karen's(hat).

Whose는 명사 앞에서 소유격 형용사로 쓰이거나, 단독으로 대명사와 같은 역할을 할 수 있어요.

기본기 탄탄 다지기

1 의문사 who와 whose 중에 알맞은 것을 쓰세요.

(1) _____ are the boys?

(2) _____ shirt is that?

(3) _____ is Dennis?

(4) _____ is that girl?

(5) _____ socks are they?

▶ 'who'나 'whose'를 사용하면 그 사람이 누구인지, 그 책이 누구의 것인지를 물어볼 수 있습니다.

Unit 3 ● what, which

Preview

Q: **What** season do you like?
너는 어떤 계절을 좋아하니?

A: I like summer.
나는 여름을 좋아해.

Q: **Which** season do you like, autumn or winter?
가을과 겨울 중 어느 계절을 좋아하니?

A: I like winter.
나는 겨울을 좋아해.

① 2개 이상의 정해진 것들 중에서 어느 하나를 선택할 때는 의문사 which를 쓰고, 선택 범위가 정해져 있지 않을 때는 what을 써요.

There are three pencils here. **Which** is yours? 여기에 세 개의 연필이 있다. 어느 것이 네 것이니?

Q: **What** do Kangaroos eat? 캥거루는 무엇을 먹니?

A: They eat plants. 식물을 먹어.

② 의문사 바로 뒤에 명사가 위치하여 의문사가 명사를 꾸며주는 형용사 역할(의문 형용사)을 할 때 what은 '무슨, 어떤', which는 '어느, 어떤'의 의미로 사용돼요.

Which movie would you like to see tonight? 오늘 밤 어떤 영화를 보고 싶니?

What day is it today? 오늘은 무슨 요일이니?

기본기 탄탄 다지기

1 What과 Which 중에 알맞은 것을 골라 보세요.

(1) _____ do you want, cheese or butter?

(2) _____ color are her eyes?

(3) _____ train does he catch, the 7:20 or the 9:30?

(4) _____ kind of car does she want?

2 우리말에 맞도록 괄호 안의 단어를 순서에 맞게 배열해 보세요.

(1) 누가 그녀를 방문했니? (her, who, visited)

➡ _____

(2) 그들은 무엇을 했니? (they, do, did, what)

➡ _____

(3) 너는 차와 커피 중 어느 것을 더 좋아하니?
(prefer, tea, you, coffee, do, which, or)

➡ _____

▶Who is he?와 What is he?의 차이
1. Who is he? 그는 누구니?
– He is my teacher.
(이름, 가족 관계, 사회적 관계를 물을 때)
2. What is he? 그는 뭐 하는 사람이니?
– He is an TV announcer.
(직업을 물을 때)

visit v. 방문하다
prefer v. 좋아하다, 선호하다

서술형 기초 다지기 ❶

[1~2] 빈칸에 알맞은 말을 고르세요.

1 _____ wrote *Harry Potter*? - J.K. Rowling did.

① What   ② Who   ③ Which   ④ Why   ⑤ Whose

2 _____ did you do last weekend? - I went to a music concert.

① Which   ② Whose   ③ What   ④ Who   ⑤ Whom

3 대답을 참고하여 빈칸에 알맞은 의문사를 쓰세요.

(1) _____ is that? - It is an umbrella.

(2) _____ are the books? - They are my sister's.

(3) _____ bus goes to the Seoul Station? - Bus No 311.

(4) _____ is that man over there? - He is my father.

4 다음 빈칸을 채워 보세요.

(1) A: What does he have in his hand?
     B: _____ _____ a candy.

(2) A: What are they watching?
     B: They _____ _____ a soccer game.

(3) A : _____ is the pink pencil?
     B : The pink pencil is Jane's.

(4) A : _____ is yours, the red book or the green book?
     B : The green book is mine.

5 다음 대화의 빈칸에 알맞은 의문사를 넣어 봅시다.

A : _____ bag is this?
B : It's Ted's bag.

A : _____ is Ted?
B : The new student. His name is Ted Johnson, and he is from Canada.

6 괄호 안에서 알맞은 말을 고르세요.

(1) A: (Who, What) is she?
  B: She is my best friend, Yoon-seon.

(2) A: (Who, What) won first prize?
  B: Christina did.

(3) A: (Who, What) can I do for you, sir?
  B: I want a pair of pants.

(4) A: (Who, What) time did they meet?
  B: They met at 9 p.m.

7 다음 중 어법에 맞는 것을 고르시오.

(1) A: [Who / What] are they?
  B: They are Matt and Kelly.

(2) A: [Who / What]'s your favorite color?
  B: Blue.

(3) A: [Who / Which] is your favorite soccer player?
  B: David Beckham.

8 표를 보고 빈칸에 알맞은 말을 쓰세요.

	Dennis	Mi-seon	Julia
Morning	jog in the park	take a walk	read a newspaper
Evening	take a bath	study Japanese	watch movies

(1) Who watches movies in the evening?
  - _____ does.

(2) What does Dennis do in the morning?
  - He _____ _____ _____ _____.

(3) _____ studies Japanese in the evening?
  - Mi-seon does.

(4) _____ does Mi-seon do in the morning?
  - She takes a walk in the morning.

Oral Test

Challenge 1 '의문사'가 뭐예요?

who는 '누가, 누구', what은 '무엇, 무엇이, 무엇을', whose는 '누구의, 누구의 것', which는 '어느 것(쪽), 어느'라는 뜻으로 궁금한 것을 표현할 수 있도록 만들어 주는 말이에요. 다시 말해서 '의문이 나는 것들을 물어보고 싶을 때 쓰는 말'이라서 [   ]라고 부르는 거예요.

Challenge 2 '의문사'는 언제 사용하나요?

궁금한 것이 '사람'이라면 'who(누가)'를 씁니다.

[   ] is that ugly boy? 저 못생긴 남자 애는 누구니?

He is my new boyfriend. 그는 내 새 남자친구야.

궁금한 것이 '누구의' 또는 '누구의 것'일 때 'whose'를 사용합니다.

[   ] computer is this? 이 컴퓨터는 누구 것이지?

It's mine. / It's my brother's. 내꺼야. / 내 남동생 것이야.

궁금한 것이 '사물'이라면 'what(무엇)'을 사용해요.

[   ] do you want? 너는 무엇을 원하니?

I want an MP3 player. 나는 MP3를 원해.

궁금한 것이 정해진 것 중 하나를 '선택'하고 싶을 때 'which'를 사용해요.

[   ] do you want, orange juice or milk? 오렌지 주스와 우유 중 어느 것을 원하니?

I want some orange juice. 난 주스를 원해.

Unit 4 ● when, where

Q: **When**(= **What time**) does the movie start? A: The movie starts at 5 p.m.
영화는 언제 시작하니? 5시에 시작해.

Q: **Where** did you go yesterday? A: I went to the PSY concert.
너는 어제 어디 갔었니? 싸이 콘서트에 갔었어.

---

(1) 궁금한 것이 시간이나 날짜일 때는 when을 써요.

Q: **When** is your birthday? 네 생일이 언제니?
A: My birthday is on May 15th. 내 생일은 5월 15일이야.

Q: **When**(= **What time**) does the train leave? 그 열차는 언제 떠나니?
A: It leaves at 7:30. 7시 30분에 출발해.

(2) where는 궁금한 것이 장소나 위치일 때 사용해요. where는 출신을 물어볼 때도 사용됩니다.

Q: **Where** did you go after school? 방과 후에 어디에 갔었니? A: I went to the bookstore. 서점에 갔었어.

Q: **Where** are you from? 너는 어디에서 왔니?(어디 출신이니?) A: I'm from New York. 뉴욕에서 왔어. (뉴욕 출신이야.)

기본기 탄탄 다지기

1 의문사 When, Where를 이용해 질문을 완성하고 질문에 맞는 답변을 쓰세요.

(1) A: _____ did you visit your grandparents?
   B: I _____ them last weekend.

(2) A: _____ does your uncle live?
   B: _____ _____ in Seoul.

visit v. 방문하다, 찾아가다
uncle n. 삼촌

2 알맞은 의문사를 골라 대화를 완성해 보세요.

(1) A: [Where / When] do you get up?
   B: At 6 o'clock.

(2) A: [Where / When] are you going?
   B: I'm going to church.

(3) A: [Where / When] does she take a walk?
   B: At 11.

(4) A: [Where / When] do you play basketball?
   B: We play basketball at the playground.

▶대답 내용에 맞는 의문사를 고를 때는 답변에 등장하는 새로운 정보가 무엇에 관한 것인지 파악해야 해요. 장소로 대답하면 'where', 때로 대답하면 'when', 이유를 말하면 'why'를 선택해요.

get up 일어나다
church n. 교회
take a walk 산책하다
playground n. 운동장

Unit 5 • why

Q: **Why** were you late for school?
너는 왜 학교에 지각했니?

A: (Because) I got up late.
늦게 일어났기 때문이에요.

1 궁금한 것이 '왜'라는 이유나 원인인 경우에는 why를 써요. why 의문문에 대한 답변에서 because를 생략할 수 있어요.

Q: **Why** do you like that movie? 너는 왜 저 영화를 좋아하니?
A: (Because) I love the actor. 나는 그 배우가 너무 좋거든.

Q: **Why** are you so upset? 너는 왜 그렇게 화가 났니?
A: (Because) you didn't keep your promise. 네가 약속을 지키지 않았기 때문이야.

2 'Why don't you ~?'는 '~하는 게 어때?'라는 뜻의 제안문이므로 '왜 ~하지 않니?'의 이유를 물어보는 것이 아님에 조심해야 해요.

Why don't you call her right now? 그녀에게 당장 전화하는 게 어때?

Why don't we order some pizza? 우리 피자를 주문하는 게 어때?

Q: **Why didn't** you do your homework? 너는 왜 숙제를 안했니?
A: (Because) I didn't feel well. 몸이 좋지 않았기 때문이에요.

기본기 탄탄 다지기

1 [보기]에서 빈칸에 알맞은 의문사를 찾아 쓰세요.

When	Where	Why

(1) A: _____ did the party begin?
   B: It began at 10 o'clock.

(2) A: _____ was your teacher angry?
   B: Because I didn't do my homework.

(3) A: _____ is Sunny going to leave?
   B: Tomorrow.

(4) A: _____ are you so sad?
   B: I didn't pass the exam.

(5) A : _____ are you going now?
   B: I'm going to the bookstore.

▶ 의문사가 있는 의문문에서 Yes, No 의 여부를 묻는 질문이 아니라 각 의문사에 해당하는 '구체적인 정보'를 묻는 질문이기 때문에 Yes나 No로 대답해선 안돼요. 구체적인 정보에 대해 직접적으로 대답하거나 혹은 모르겠다는 답변도 가능합니다.
I don't know. / I have no idea.

begin v. 시작하다
leave v. 떠나다

1 의문사 When, Where, Why 중 알맞은 것을 고르세요.

finish v. ~을 끝내다(마치다)
happy a. 행복한

(1) [When / Where / Why] does he finish his work?

(2) [When / Where / Why] is Tom so happy?

(3) [When / Where / Why] are they from?

(4) [When / Where / Why] does she love Dennis?

2 의문사 When, Where, Why를 이용해 질문을 완성해 보세요.

take a bus 버스를 타다
invite v. 초대하다
airplane n. 비행기

(1) _____ do you take a bus? (장소)

(2) _____ does Tom invite Yoon-seon? (이유)

(3) _____ does the airplane leave for New York? (시간)

(4) _____ are her children? (장소)

(5) _____ is your teacher so angry? (이유)

(6) _____ is your birthday? (시간)

3 주어진 의문사를 이용하여 의문사가 있는 의문문으로 바꿔 보세요.

write v. 쓰다
wash v. 씻다

(1) You write a letter to Jason. (Why)

➡ _____

(2) Jason plays soccer after school. (Where)

➡ _____

(3) My father washes the car. (Where)

➡ _____

(4) The man smiles at you. (When)

➡ _____

서술형 기초 다지기 ❷

1 괄호 안에서 알맞은 것을 고르세요.

(1) (When / Where) do you live?

(2) (When / Where) does the winter vacation begin?

(3) (When / Why) is your birthday?

(4) (Why / Where) are you late?

(5) (Where / When) are my shoes?

2 우리말과 뜻이 같도록 빈칸에 알맞은 의문사를 쓰세요.

(1) 어버이날은 언제니?

= _____ is the Parents' Day?

(2) 너는 왜 대구에 갔었니?

= _____ did you go to Daegu?

(3) 이마트는 어디에 있니?

= _____ is the E-mart?

3 보기에서 빈칸에 알맞은 의문사를 골라 쓰세요.

Where	When	Why

(1) A: _____ did your father go last week?
B: He went to Chicago.

(2) A: _____ was your girlfriend angry?
B: Because I forgot her birthday.

(3) A: _____ do you take the violin lesson?
B: On Mondays and Thursdays.

4 대답을 참고하여, 주어진 단어를 배열하여 알맞은 질문을 쓰세요.

(1) A: _____ (is, your, where, house)
B: It's near the bank.

(2) A: _____ (does, begin, your class, when)
B: At eight thirty.

(3) A: _____ (so, are, why, you, happy)
B: Because I passed the final exam.

5 주어진 질문에 대한 대답으로 알맞은 것을 고르세요.

> Where are you going, Dennis?

① In the garden.　　　　　　② To the department store.

③ At 11 a.m.　　　　　　　　④ With my father.

⑤ On weekends.

6 다음 중 빈칸에 알맞은 것을 고르세요.

> - _____ are you so angry?
> - _____ did you call me yesterday?

① How　　　② Which　　　③ Who　　　④ Why　　　⑤ Where

7 대화의 빈칸에 알맞은 의문사를 쓰세요.

Ron: Hey, Mom. Dad's driving down the street. _____ is he going?

Jessica: To the store.

Ron: _____ is he going to the store now?

Jessica: We're out of milk.

Ron: Oh. _____ is for dinner?

Jessica: Your favorite!

Ron: My favorite? Really? What?

Jessica: Spaghetti and meatballs.

Ron: That sounds Great!

Oral Test

Challenge 1 When은 언제 사용하나요?

궁금한 것이 '언제(때)'라면 [   ], [   ]를 묻는 의문사 'when'을 사용해요.

When do you go to bed? 너는 언제 잠자러 가니?

- I go to bed at 10:00. 나는 10시에 자러 가.

Challenge 2 Where는 언제 사용하나요?

궁금한 것이 '어디에'라면 [   ] 또는 [   ]를 묻는 의문사 'where'를 사용해요.

Where do you live? 너는 어디에 사니?

- I live in Seoul. 나는 서울에 살아.

Challenge 3 Why는 언제 사용하나요?

궁금한 것이 '왜'라면 [   ]나, [   ]을 묻는 의문사 'why'를 사용해요.

Why are you angry? 너는 왜 화났니?

- Because My brother broke my MP3 player. 형이 내 MP3 플레이어를 망가뜨렸거든.

why의 의문문에 대답할 때에 보통 because(왜냐하면)로 답하는데, because는 생략할 수 있어요.

Why are you tired? 너는 왜 피곤하니?

- (Because) I always study hard. 나는 항상 열심히 공부하기 때문이야.

Unit 6 ● how / how many(much)

Preview

Q: **How** do I go to the City Hall?
시청에 어떻게 가나요?

A: Go straight for two blocks.
두 블록 곧장 가세요.

Q: **How much** coffee do you drink?
커피를 얼마나 마시나요?

A: Not much. About four cups.
많이 안 마셔요. 넉 잔 정도 마셔요.

① 의문사 how는 '어떻게'의 뜻으로 '상태, 방법' 등을 물을 때 사용해요.

어떻게 해야 하나?

How is the weather in Seoul? 서울의 날씨는 어때?

Q: **How** do I carry this big box? 어떻게 내가 이 큰 상자를 옮겨요?
A: I will help you. 내가 도와줄게.

② How many와 How much는 '얼마나'의 뜻으로, 그 수와 양이 '얼마나 많은지'를 물어보는 말이에요. How many 뒤에는 셀 수 있는 명사를 쓰고, How much 뒤에는 셀 수 없는 명사를 써야 해요.

Q: **How many** friends do you have? (수) 친구가 얼마나 많이 있나요?
A: (I have) Ten friends. 열 명 있어요.

Q: **How much** water do you need? (양) 물이 얼마나 필요하세요?
A: (I need) A bottle of water. 한 병이 필요해요.

기본기 탄탄 다지기

1 How many + 셀 수 [   ] 명사   How much + 셀 수 [   ] 명사

2 다음 중 어법에 맞는 의문사를 고르세요.

(1) How [many / much] books do you read a week?

(2) How [many / much] money do you spend a month?

(3) How [many / much] students were there in the class?

(4) How [many / much] paintings are there in this gallery?

(5) How [many / much] sugar is there in the paper bag?

> ▶'How'는 '어떻게'라는 뜻 이외에 '얼마나'의 뜻도 가지고 있어요.
>
> spend v. 소비하다
> painting n. 그림
> gallery n. 미술관
> paper bag (종이) 봉지

Unit 7 ● how와 함께 잘 나가는 표현들

Q: **How tall** is Dabotap?
다보탑 높이가 얼마나 되니?

A: (It's) 10.4 meters.
10.4미터야.

Q: **How often** do you go shopping?
얼마나 자주 쇼핑을 가니?

A: (I go shopping) Once a month.
한 달에 한번.

1 How long ~?: 얼마나 긴 ~? (길이) / 얼마나 오래 ~? (기간)

How long is the fish? (길이) 그 물고기는 길이가 얼마나 돼요?
- (It') 50 centimeters long. 50센티미터.

How long are you going to stay here? (기간) 여기에서 얼마나 머무를 예정인가요?
- (I'm going to stay here) Three days. 3일이요.

2 How far ~?: 얼마나 먼 ~? (거리)
How tall ~?: 얼마나 높은 ~? (높이) / 얼마나 큰 ~? (키)

How far is it from here? (거리) 여기에서 얼마나 머니?
- (It's) One kilometer (from here). 1킬로미터 떨어져 있어.

How tall is the Seoul Tower? (높이) 서울 타워의 높이가 얼마나 되니?
- (It's) 236 meters. 236미터야.

How tall is she? (키) 그녀의 키가 얼마나 되니?
- (She is) 168 centimeters tall. 168센티미터야.

3 How old ~?: 얼마나 나이 든 ~? (나이) / 얼마나 오래된 ~? (년수)
How often ~?: 얼마나 자주 ~? (빈도, 횟수)

How old is your father? (나이) 네 아빠는 몇 살이시니?
- (He's) 38 years old. 아빠는 38살이셔.

How often do you go to the movies? (빈도) 넌 얼마나 자주 영화를 보러 가니?
- (I go to the movies) Once a week. 일주일에 한번.

cf. 'How long + be동사 + 사물?'은 사물의 '길이'를 묻는 표현이지만 'How long + be동사 + 상황/사건?'은 '기간'을 묻는 표현이 됩니다.

How long is this fish? (물고기 길이)   How long is your spring break? (봄방학 기간)

1 '얼마나 긴'은 How [   ], '얼마나 높은'은 How [   ],

   '얼마나 자주'는 How [   ], '얼마나 오래된'은 How [   ],

   '얼마나 멀리'는 How [   ]를 사용하여 의문문을 만든답니다.

2 괄호 안에서 알맞은 것을 골라 대화를 완성해 보세요.

go shopping 쇼핑하러 가다
church n. 교회

   (1) A: How (long, old, far) is his mother?
       B: 45 years old.

   (2) A: How (far, often, tall) is she?
       B: 5 feet 2 inches tall.

   (3) A: How (long, old, often) do you go shopping?
       B: Once a week.

   (4) A: How (long, far, tall) is it from here to the Olympic Park?
       B: It is about 10 kilometers.

   (5) A: How (often, old, far) is the church?
       B: It is about 50 miles.

3 보기의 단어를 이용하여 대화를 완성하세요.

long	far	tall	often	old

   (1) Q: _____ is Mi-seon?
       A: She is 10 years old.

   (2) Q: _____ is the man?
       A: He is 6 feet 2 inches tall.

   (3) Q: _____ is this movie?
       A: About 2 hours.

   (4) Q: _____ does he go to hospital?
       A: Five times a month.

   (5) Q: _____ is the library?
       A: It's 10 kilometers from here.

서술형 기초 다지기 ❸

1 밑줄 친 부분에 들어갈 말을 쓰세요.

(1) How _____ sugar does the man put in his coffee?

(2) How _____ books do you read a month?

(3) A: How _____ is she?
B: She is 14 years old.

2 빈칸에 알맞은 말을 쓰세요.

(1) Q: _____ did you go to Busan?
A: By KTX.

(2) Q: _____ do you know that new word?
A: I looked it up in the dictionary.

(3) Q: _____ _____ brothers or sisters do you have?
A: I only have a sister.

(4) Q: _____ _____ do you exercise?
A: Almost every day.

3 질문에 어울리는 대답을 연결해 보세요.

(1) How was the movie? •   • a. It's sunny and hot.

(2) How's the weather in Busan? •   • b. It was very interesting.

(3) How old is this tree? •   • c. It's 249 meters.

(4) How tall is the 63 Building? •   • d. A thousand years old.

4 다음 빈칸에 들어갈 알맞은 말을 고르세요.

Q: How much _____ does she want?

A : She wants twenty dollars.

① chairs   ② apples

③ water   ④ pencils

⑤ money

5 의문사 How를 이용하여 질문을 완성하고 질문에 답을 채우세요.

(1) Q: _____ _____ does your brother play volleyball?
A: _____ _____ volleyball once a week.

(2) Q: _____ _____ does it take to get there?
A: _____ _____ about two hours to get there.

(3) Q: _____ _____ does he have?
A: _____ _____ 20 dollars.

6 괄호 안에서 알맞은 것을 고르세요.

(1) How many (pencil, pencils) (do, does) she have?

(2) How much (food, foods) do they (want, wants)?

(3) (How many, How much) bananas (do, does) Jane want?

(4) How many (classes, class) do you (have, has)?

(5) (How many, How much) bread (do, does) they have?

7 빈칸에 알맞은 보기에서 골라 쓰세요.

much	many	long	tall	often

(1) How _____ is this building?

(2) How _____ sugar do you put in your coffee?

(3) How _____ subjects do you study?

(4) How _____ is your winter vacation?

8 질문에 알맞은 대답을 보기에서 고르세요.

① It was wonderful.	② It's $900.
③ For two weeks.	④ About a thousand files.

(1) How many music files do you have? _____

(2) How much is your computer? _____

(3) How long does he stay here? _____

(4) How was your trip to Europe? _____

Oral Test

Challenge 1 how는 언제 사용하나요?

'□□□□□□'의 뜻으로 '상태, 방법' 등을 물을 때 사용합니다.

Challenge 2 How + 형용사(부사)~?는 뭐죠?

'얼마나?'의 뜻으로, '정도'나 '수치'를 묻는 의문문이에요.

'How many' 뒤에는 □□□□□□ 명사가 오고, 'How much' 뒤에는 □□□□□□ 명사가 와서 '얼마나 많은 ~?'으로 해석이 됩니다.

Challenge 3 How가 들어간 다른 표현들도 알고 있나요?

□□□□□□ : 얼마나 긴 ~? (길이) / 얼마나 오래 ~? (기간)

□□□□□□ : 얼마나 높은 ~? (높이) / 얼마나 큰 ~? (키)

□□□□□□ : 얼마나 자주 ~? (빈도)

□□□□□□ : 얼마나 오래된 ~? (연수) / 얼마나 나이 든 ~? (나이)

□□□□□□ : 얼마나 멀리 ~? (거리)

1 다음 중 대화가 <u>어색한</u> 것은?

① A: What is she?
   B: She is a doctor.
② A: Why do you read newspapers?
   B: Because I want useful information about the world.
③ A: How do you go to library?
   B: I walk to library.
④ A: Where do you work?
   B: I work with my family.
⑤ A: Who's that girl?
   B: She's Joo Mi-seon.

2 밑줄 친 부분 중 어법상 <u>잘못된</u> 것을 고르세요.

Do you often watch television? ①<u>How much hours</u> do you watch it every day? We all watch TV ②<u>almost every day</u>. Teenagers love TV and watch it ③<u>4 hours a day</u>. ④<u>What do you think of</u> your TV viewing habits?

3 빈칸에 What 을 쓸 수 <u>없는</u> 곳은?

① _____ is your name?
② _____ does he teach?
③ _____ color do you like?
④ _____ do you go to school?
⑤ _____ do you eat for lunch?

4 대화의 빈칸에 알맞지 <u>않은</u> 것은?

A: When does she have piano lessons?
B: _____

① After school.   ② Every day.
③ At her house.   ④ On Sundays.
⑤ At 5 p.m.

5 다음과 같은 대답이 나올 수 있는 질문은?

A: _____
B: Because he told a lie.

① What do you want?
② Who told a lie?
③ Why did you fight with him?
④ Where did you fight with him?
⑤ When did you fight with him?

6 주어진 대화가 자연스럽도록 바르게 배열하세요.

a. Yes, of course.
b. Do you like movies?
c. I like horror movies best.
d. What is your favorite movie?

7 다음 대화의 빈칸에 알맞은 의문사는?

A : _____ was your trip to Japan?
B : It was great.

① Who   ② How
③ What   ④ Why
⑤ Where

[8–11] 표를 보고 빈칸에 알맞은 말을 쓰세요.

	Friday	Saturday	Sunday
Karen	go to the movies	exercise	watch the soccer game
Bob	go to the concert	clean the room	go shopping

8 When does Bob go shopping?

He _____ .

9 Where does Karen go on Friday?

She _____ .

10 What does Karen do on Sunday?

She _____ .

11 Where does Bob go on Friday?

He _____ .

12 알맞은 의문사를 쓰세요.

(1) A: _____ is tennis?

B: It's a sport.

(2) A : _____ are they?

B: They're Mr. and Mrs. Jones.

(3) A: _____ is Los Angeles?

B: It's in the USA.

(4) A: _____ is he?

B: He's Harrison Ford, an actor.

(5) A: _____ is Jenny?

B: She is a doctor.

(6) A: _____ is the teacher?

B: He's in the classroom.

13 다음 대화의 빈칸에 적절하지 <u>않은</u> 것을 고르세요.

> A : Whose cell phone is this?
>
> B : It is _____ .

① hers   ② mine

③ Tom   ④ my brother's

⑤ my mother's

14 질문에 알맞은 대답을 보기에서 고르세요.

> a. In the library.
>
> b. Because I had a cold.
>
> c. At 10 p.m.
>
> d. Last year.

(1) Why didn't you do your homework?

_____

(2) What time did you go to bed?

_____

(3) Where did you see your girlfriend?

_____

(4) When did they go to Seattle?

_____

저 그림이 그렇게 좋아?

Sunny: (A)_____ painting do you like best?

Jason: Hmm. I think this is the best painting.

Sunny: What makes you think so?

Jason: The stars in the painting are very beautiful. It is night, but the whole painting is very bright because of the stars. They may even look dancing and moving.

Sunny: Yeah, it's a very pretty night in this painting. I like that painting over there.

Jason: (B)_____ do you like that?

Sunny: Because I want to be a soccer player in the future. And the children in the painting look just like me!

1 윗글의 밑줄 친 (A), (B)에 알맞은 말을 쓰세요.

(A) _____ (B) _____

2 Sunny가 가장 좋아하는 그림에 무엇이 그려져 있을지 생각해 보고 쓰세요.

_____

Super Speaking

 A 보기와 같이 의문사 whose를 이용하여 묻고 답하는 형식으로 말하기 연습을 하세요. 연습이 한번 끝난 후 서로 역할을 바꿔 다시 말하기 연습을 하세요.

bicycle / this / ?

➡ Olivia

Whose bicycle is this?

It's Olivia's bicycle.

A   **B**

1

running shoes / these / ?

➡ they / Ted

2

car / this / ?

➡ my parents

 B 보기와 같이 의문사 who, what, where를 이용하여 말하기 연습을 하세요. 연습이 한번 끝난 후 서로 역할을 바꿔 다시 말하기 연습을 하세요.

she

➡ Sarah Jones

➡ a teacher

➡ New York

Who is she?
What is she?
Where is she from?

A

She is Sarah Jones.
She is a teacher.
She is from New York.

B

1

he

➡ my friend

➡ a student

➡ Italy

2

she

➡ Jessica Andrews

➡ an actress

➡ England

출제의도 | 의문사로 시작하는 의문문의 이해
평가내용 | 주어진 답에 알맞은 의문문 만들기

서술형 유형	8점
난이도	중하

A 보기와 같이 주어진 대답을 이용하여 의문사 how, where, when, why를 이용한 의문문을 만들어 보세요.

보기

A: Where does Sunny eat lunch every day _____?
B: At the cafeteria. (Sunny eats lunch at the cafeteria every day.)

1

A: _____?
B: By school bus. (I go to school by school bus.)

2

A: _____?
B: At 8:00. (The movie starts at 8:00.)

3

A: _____?
B: Because it's interesting. (I study English because it's interesting.)

4

A: _____?
B: In Australia. (Kangaroos live in Australia.)

평가영역	채점기준	배점
유창성(Fluency) & 정확성(Accuracy)	4개의 문장을 모두 올바른 표현과 함께 정확하게 완성한 경우 (문법, 철자가 모두 정확한 경우)	4×2 = 8점
	의문사를 바르게 사용하지 못한 경우	문항 당 1점씩 감점
	내용과 전혀 일치하지 않거나 답을 기재하지 못한 경우	0점

실전 서술형 평가 문제

출제의도 | How many/How much로 시작하는 의문문의 이해
평가내용 | 주어진 정보를 이용하여 의문문과 대답문 완성하기

서술형 유형	12점
난이도	중상

 다음 글을 읽고, 괄호 안에 How many 또는 How much를 골라 쓰고 빈칸에는 의문문에 대한 알맞은 대답을 쓰세요.

David eats a lot. For breakfast, he goes out to eat. He spends a lot of money on breakfast. He drinks four glasses of milk. He eats four eggs and six slices of bread with a lot of butter and cheese. Then he has a big bowl of cereal. He finishes with four doughnuts and some coffee.

보기 Q: (How much) milk does he drink?

A: He drinks four glasses of milk.

---

1 Q: (   ) eggs does he eat?

A: _____

2 Q: (   ) slices of bread does he eat?

A: _____

3 Q: (   ) butter and cheese does he put on bread?

A: _____

4 Q: (   ) cereal does he eat?

A: _____

5 Q: (   ) doughnuts does he eat?

A: _____

6 Q: (   ) money does he spend?

A: _____

평가영역	채점기준	배점
유창성(Fluency) & 정확성(Accuracy)	6개의 문장을 모두 올바른 표현과 함께 정확하게 완성한 경우 (문법, 철자가 모두 정확한 경우)	6×2 = 12점
	How many와 How much를 구별하지 못하거나 대답문의 내용이 틀린 경우	문항 당 1점씩 감점
	내용과 전혀 일치하지 않거나 답을 기재하지 못한 경우	0점

출제의도 | 일상 생활 속에서 의문문 사용하기	**서술형 유형**	12점
평가내용 | 의문사로 시작하는 의문문	**난이도**	중하

C 보기와 같이 의문사 Who, When, Where, How, What을 이용하여 빈칸을 완성하세요. (밑줄 친 내용을 참고하여 의문사를 결정하세요.)

> **보기** ___Who___ ___did___ ___you___ see?
>
> ➡ I saw Kathy.

1 _____ _____ _____ see her?

➡ I saw her <u>yesterday afternoon</u>.

2 _____ _____ _____ see her?

➡ I saw her <u>in a library</u>.

3 _____ _____ _____ read?

➡ She read <u>a newspaper</u>.

4 _____ _____ _____ look?

➡ She looked <u>happy</u>.

5 _____ _____ _____ say?

➡ She said <u>hello</u>.

6 _____ _____ _____ come home?

➡ She came home <u>at 11 p.m.</u>

평가영역	채점기준	배점
유창성(Fluency) & 정확성(Accuracy)	6개의 문장을 모두 올바른 표현과 함께 정확하게 완성한 경우 (문법, 철자가 모두 정확한 경우)	6×2 = 12점
	의문사를 바르게 사용하지 못한 경우	문항 당 1점씩 감점
	내용과 전혀 일치하지 않거나 답을 기재하지 못한 경우	0점

Chapter 5
조동사

Unit 1 • 조동사의 의미와 형태

I can lift this heavy box.
나는 이 무거운 상자를 들 수 있다.

You may not go out alone at night.
너는 밤에 혼자 밖에 나가서는 안 된다.

1 조동사는 본동사의 기본의미에 능력, 추측, 요청, 허가, 의무, 충고 등의 의미를 추가하여 말의 의미를 다양하게 전달하는 역할을 해요. 동사를 돕는다고 하여 조동사를 helping verbs라고 불러요.

He **can** play the violin. 그는 바이올린을 연주할 수 있다.

The rumor **may** be true. 그 소문은 사실일지도 모른다.

2 조동사 뒤에는 항상 동사원형을 쓰고 부정은 조동사 바로 뒤에 not을 붙여요. 보통은 줄여서 can't(= can not), won't(= will not), mustn't(= must not)으로 써요. may not과 might not은 줄여 쓰지 않아요.

Roy **can** answer the question. Roy는 그 질문에 대답할 수 있다.

The rumor **may not** be true. 그 소문은 사실이 아닐지도 모른다.

기본기 탄탄 다지기

1 주어진 단어를 알맞은 형태로 바꿔 문장을 완성하세요.

(1) He can _____ his mind. (change)

(2) Tom can _____ for 3 hours. (study)

(3) You may _____ my computer. (use)

> mind n. 생각, 마음

2 괄호 안에서 알맞은 것을 골라 보세요.

(1) I can (ride, rides) a bicycle.

(2) You can (ride, rides) a bicycle.

(3) He can (ride, rides) a bicycle.

(4) She (ride, rides) a bicycle.

(5) It can (ride, rides) a bicycle.

(6) We can (ride, rides) a bicycle.

(7) They (ride, rides) a bicycle.

> ride v. 타다
> bicycle n. 자전거

Unit 2 ● 조동사 can

Preview

Bears **can** climb trees.
곰은 나무를 오를 수 있다.

Bears **can't** fly.
곰은 (하늘을) 날 수 없다.

1 can은 현재 또는 미래의 능력(ability)을 나타내며 과거의 능력은 could를 써요. 의문문은 주어와 조동사의 위치만 바꾸고 문장 끝에 물음표(?)만 붙이면 돼요. 대답은 'Yes'나 'No'를 사용해서 조동사로 대답해요.

He **can** read Japanese a little. 그는 일본어를 조금 읽을 수 있다.

I **could** swim when I was five. 내가 5살 때 수영을 할 수 있었다.

Can you answer this question? 이 질문에 대답할 수 있니?
Yes, I **can**. / No, I **can't**(cannot). 응, 할 수 있어. / 아니, 할 수 없어.

2 능력을 나타낼 때 can은 be able to로 바꿔 쓸 수 있어요. 현재는 am/is/are able to, 과거는 was/were able to, 미래일 때는 will be able to로 써요. 형식을 갖춘 표현이어서 can을 더 자주 써요.

She **can** see a ghost in the basement. 그녀는 지하실에 있는 귀신을 볼 수 있다.
= She **is able to** see a ghost in the basement.

I **can** go shopping *tomorrow*. 나는 내일 쇼핑을 하러 갈 수 있을 거야.
= I **will be able to** go shopping *tomorrow*.

기본기 탄탄 다지기

1 괄호 안에서 알맞은 것을 고르세요.

(1) Eagles (can, can't) fly.

(2) Whales (can, can't) walk.

(3) We (can, can't) have snow in summer.

> eagle n. 독수리
> whale n. 고래

2 괄호 안에서 알맞은 것을 골라 보세요.

(1) He (am, is, are) able to (walk, walks) for 3 hours.

(2) They (are, is, am) able to (washes, wash) those cars.

(3) My father (am, is, are) able to (dance, dances) well.

(4) We (am, are, is) able to (borrow, borrows) some umbrellas.

(5) The men (am, are, is) able to (play, plays) baseball.

> dance v. 춤추다
> borrow v. 빌리다
> umbrella n. 우산

Unit 3 ● 조동사 may

(100% 확신)	They **are** in the library. 그들은 도서관에 있다.
(50% 이하 추측)	They **may** be in the library. 그들은 도서관에 있을지도 모른다.
(50% 이하 추측)	They **might** be in the library. 그들은 도서관에 있을지도 모른다.

1 may는 '~일지도 모른다'는 뜻으로 어떤 일이 일어날 가능성에 대한 확신이 없을 때(50% 이하) 사용해요. might도 같은 의미로 사용되고 이때는 may의 과거가 아니에요.

I **may not** get there in time. 난 제시간에 거기 도착하지 못할지도 모른다.

Sunny **may** be at home. Sunny는 집에 있을지도 모른다.

2 주어 I를 사용하여 상대방에게 정중한 부탁을 할 때 May I ~?를 써요. May가 가장 정중한(very polite) 표현이고 가까운 사이에는 Can(Could) I ~?를 많이 써요.

May I try this shirt on? 제가 이 셔츠를 입어 봐도 될까요?

Can I borrow your car? 네 차를 좀 빌려도 되니?   - Sure. 좋아.

3 may와 can은 '~해도 좋다'라는 뜻의 '허락'을 나타낼 때도 쓸 수 있어요. 친한 사이에서는 may 보다 can을 더 많이 써요.

You **may** borrow the book. 네가 그 책을 빌려가도 좋다.

You **can't** come into the room. 방에 들어와서는 안 된다.

기본기 탄탄 다지기

1 조동사 may가 '추측'을 의미하는지 '허락'을 의미하는지 쓰세요.

(1) He may be right.   _____

(2) You may eat dessert after dinner.   _____

2 밑줄 친 may에 유의하여 우리말로 해석해 보세요.

| order n. 주문 |

(1) Karen may come to the party.

_____

(2) May I take your order?

_____

서술형 기초 다지기 ①

1 밑줄 친 조동사에 유의하여 우리말로 해석해 보세요.

(1) You <u>can</u> sit next to me.

➜ _____

(2) The book <u>may</u> be interesting.

➜ _____

(3) The baby <u>can</u> walk well.

➜ _____

(4) She <u>may</u> watch TV now.

➜ _____

2 괄호 안에서 알맞은 말을 고르세요.

(1) He can [sing / singing] the song.

(2) I am able [solving / to solve] the difficult math problem.

(3) Tom [may / mays] come to my house.

(4) You [not may / may not] eat the pizza on the table.

3 다음 문장에서 밑줄 친 may의 의미로 알맞은 것에 표시하세요.

(1) It <u>may</u> be important.　　　　　　　추측 ☐　　허락 ☐

(2) It <u>may</u> be cold this afternoon.　　　추측 ☐　　허락 ☐

(3) They <u>may</u> not come to the party tonight.　추측 ☐　　허락 ☐

(4) You <u>may</u> use the computer.　　　　　추측 ☐　　허락 ☐

(5) We <u>may</u> find a good library.　　　　　추측 ☐　　허락 ☐

4 다음 문장의 빈칸에 들어갈 말을 보기에서 골라 can't(cannot)을 이용하여 쓰세요.

decide	eat	find	go	sleep

(1) I am tired, but I _____.

(2) I am very full, so I _____.

(3) Christina doesn't know what to do. She _____.

(4) Jane _____ to the movies this weekend because she has to work.

(5) I want to play soccer with Jack, but I _____ him.

5 각 문장을 부정문과 의문문으로 고쳐 쓰세요.

(1) You can use my computer.

부정문: _____

의문문: _____

(2) He may drive a car.

부정문: _____

의문문: _____

6 대화의 빈칸에 알맞은 조동사를 쓰세요.

(1) Q: Can you explain the game rules?
A: No, I _____.

(2) Q: _____ I take a picture of you?
A: Yes, you may.

(3) Q: Is she able to cook Mexican food?
A: No, _____ _____.

7 다음 중 빈칸에 공통으로 알맞은 것을 고르세요.

Ann said, "You needed something at the store, didn't you?" "Yes, I did.", said Mike. "But I _____ remember anything. It wasn't peas or carrots. I just _____ remember!"

① may not ② can

③ am able to ④ cannot

⑤ may

Oral Test

Challenge 1 조동사가 뭐예요?

[   ]는 동사 앞에서 동사의 의미를 보충해주어 말의 쓰임을 다양하게 전달하는 역할을 합니다.

Challenge 2 조동사는 어떤 특징이 있나요?

(1) 조동사 뒤에는 반드시 [   ]을 써야 합니다.

(2) 주어가 3인칭 단수이고 '현재'를 뜻하고 있어도 조동사 형태는 [   ].

   The baby **can** walk now. 그 아기는 지금 걸을 수 있다. cans (x)

(3) 부정문은 조동사 바로 뒤에 [   ]만을 붙이면 됩니다.

Challenge 3 'can'의 뜻이 뭐예요?

(1) '~할 수 있다, ~할 능력이 있다'의 뜻으로 능력이나 가능, 허락을 표현해요.

(2) 능력을 나타내는 조동사 'can'은 [   ]로 바꾸어 쓸 수 있어요.

Challenge 4 'may'의 뜻이 뭐예요?

(1) '[   ]'의 뜻으로 '추측'을 나타내요.

   Eun-seon **may** be sick. 은선이는 아플지도 모른다.

(2) '[   ]'의 뜻으로 '허락, 허가, 공손한 부탁'을 나타내요.

   You **may** use my bicycle. 네가 나의 자전거를 써도 좋다.

Unit 4 ● 조동사 will

Preview

Scientists **will** find a cure for AIDS one day.
과학자들은 언젠가 에이즈 치료법을 찾게 될 것이다.

These shoes are very comfortable. I **will** buy them.
이 신발은 너무 편하다. 난 이 신발을 살 거야.

1 앞으로 일어날 미래의 일을 단순히 예측하거나, 미래의 일에 대해서 말하는 순간 결정할 때 will을 사용해요.

I **will** be a good artist. 나는 훌륭한 예술가가 될 거야.

I'm sorry, but I'm busy. I **will** call you later. 미안하지만 나 지금 바빠. 나중에 전화할게.

It **will** rain tomorrow. 내일 비가 올 것이다.

One day, people **will** go on holiday to the moon. 언젠가 사람들은 달로 휴가를 가게 될 거야.

기본기 탄탄 다지기

1 괄호 안에서 알맞은 것을 고르세요.

(1) I will (visit, visits) her house next Monday.

(2) Yoon-seon will (draws, draw) pictures.

(3) She will (wears, wear) a dress.

(4) The woman (close, closes) the door at 7.

(5) We (love, loves) our children.

(6) Your mother will (go, goes) to the market.

visit v. 방문하다
draw v. 그리다
picture n. 그림
wear v. 입다

▶현재 일어나는 일은 현재형으로 앞으로 일어날 일이나 계획은 조동사 미래를 써서 표현해요.

2 아래 문장을 will 을 사용하여 미래형 문장으로 만들어 보세요.

(1) I go to the movie theater.
➡ I _____ to the movie theater.

(2) He gets up at 7 o'clock.
➡ He _____ at 7 o'clock.

(3) The man opens the windows.
➡ The man _____ the windows.

Unit 5 ● 미래를 나타내는 be going to

I **am going to** watch a movie tonight.
나는 오늘 밤에 영화를 볼거야.

Look at the sky! It**'s going to** rain.
하늘을 봐! 곧 비가 내릴 것 같아.

1 말하기 전부터 이미 어떤 일을 하기로 마음의 결정을 내린 경우에는 be going to를 써요. '~할 것이다, ~할 예정이다'의 뜻으로 해석상 비슷하다고 해서 will을 쓰면 안돼요. will은 이미 예정된 계획이 아닌 말하는 순간 즉흥적으로 '~하겠다'고 결심한 일에 써요.

I **am going to** travel to Europe this summer. 나는 이번 여름에 유럽 여행을 할 예정이야.

He**'s going to** go fishing this Saturday. 그는 토요일에 낚시하러 갈 거야.

2 말하는 사람의 마음과 관계없이 눈앞에 벌어지는 상황을 보고 뻔히 일어날 일을 말할 때도 be going to를 써요.

The basketball game **is going to** start soon. 농구경기가 곧 시작할 거야.

It's 9 o'clock, and I'm not ready. I**'m going to** be late.
시간은 9시이고 난 아직 준비가 되지 않았다. 나는 지각할 거야.

기본기 탄탄 다지기

1 괄호 안에서 알맞은 것을 골라 문장을 완성해 보세요.

(1) I (am, are, is) going to (plays, play) soccer with my friends.

(2) You (are, is, am) going to (fly, flies) a kite.

(3) She (am, is, are) going to (meet, meets) her friends.

(4) My brothers (am, is, are) going to (do, does) their homework.

(5) We (is, are, am) going to (clean, cleans) the classroom.

(6) They (am, is, are) going to (go, goes) to the party.

kite n. 연
classroom n. 교실

It's raining. I **won't** go out.
비가 오고 있어. 나는 밖에 나가지 않을 거야.

Q: **Are** you **going to** buy a puppy?   A: No, I**'m not**.
강아지를 살 거니?   아니.

1 will의 부정문은 will 바로 뒤에 not을 써요(will not = won't). be going to의 부정문은 be동사의 부정문과 똑같이 be동사 뒤에 not만 붙이면 된답니다.

I **won't** change my mind. 나는 내 마음을 바꾸지 않을 거야.

My dad **isn't going to** cook breakfast. 아빠는 아침 요리를 하지 않을 거야.

2 Yes/No 의문문을 만들 때 will은 문장 맨 앞으로 보내어 의문문을 만들고 will로 대답해요. be going to는 be동사 의문문과 똑같이 be동사를 문장 맨 앞으로 보내어 의문문을 만들고 be동사로 대답해요.

Q: **Will** you study Japanese? 너는 일본어를 공부할 거니?
A: Yes, I **will**. / No, I **won't** (= will not). 응. / 아니.

Q: **Are** you **going to** study Japanese? 너는 일본어를 공부할 거니?
A: Yes, I **am**. / No, I**'m not**. 응. / 아니.

1 주어진 문장의 부정문과 의문문을 만들어 보세요.

기본기 탄탄 다지기

긍정문	부정문	의문문
I will go.		
You will go.		
He will go.		
She will go.		
I am going to go.		
She is going to go.		
They will go.		

서술형 기초 다지기 ❷

[1~2] 빈칸에 알맞은 말을 고르세요.

1 I will _____ on the messenger this weekend.

① chat   ② chats   ③ chatting   ④ chatted   ⑤ am chatting

2 The concert is going to _____ at 5 p.m.

① ends   ② end   ③ ending   ④ ended   ⑤ is ending

3 주어진 문장을 지시대로 바꾸세요.

(1) He will take care of his parents. (부정문으로)

➡ _____

(2) Jason will invite Mary to his birthday party. (의문문으로)

➡ _____

(3) Karen is going to read the books tomorrow. (의문문으로)

➡ _____

(4) The dog will be 5 years old next year. (부정문으로)

➡ _____

(5) Your sister will skate. (의문문으로)

➡ _____

4 괄호 안의 단어를 배열하여 대화를 완성해 보세요.

(1) Q: _____ more juice? (you, have, will)

    A: Yes, please.

(2) Q: What are you going to do this weekend?

    A: I _____ *Harry Potter*. (read, going, am, to)

5 우리말과 뜻이 같도록 빈칸에 알맞은 말을 쓰세요.

(1) 너는 언제 오스트레일리아에 갈 거니?

When _____ you go to Australia?

(2) 나는 오늘 저녁을 집에서 먹지 않을 것이다.

I _____ eat dinner at home.

(3) 너는 어디에 머물 거니?

Where _____ _____ _____ _____ stay?

(4) 엄마는 아침 요리를 하지 않을 것이다.

Mom _____ _____ _____ _____ cook breakfast.

6 괄호 안에서 알맞은 것을 골라 보세요.

(1) They [am / are / is] going to [have / has] dinner.

(2) She [am / are / is] going to [study / studies] English.

(3) Dennis [am / are / is] going to [plays / play] the piano.

(4) He [am / are / is] going to [watches / watch] TV.

(5) My brothers [am / are / is] going to [do / does] their homework.

7 문장에서 <u>틀린</u> 부분을 찾아 고쳐 쓰세요.

(1) I am going to playing soccer with my friends.　　＿＿＿＿＿＿＿＿＿＿＿

(2) They are going not to walk to school.　　＿＿＿＿＿＿＿＿＿＿＿

(3) Are Karen going to take a 7 o'clock plane?　　＿＿＿＿＿＿＿＿＿＿＿

8 주어진 문장을 지시대로 바꾸고 대답도 해 보세요.

(1) Jane is going to play tennis. (의문문)

➡ ＿＿＿＿＿＿＿＿＿＿＿＿＿＿＿＿＿＿＿　Yes, ＿＿＿＿＿.

(2) He is going to wait for me after school. (부정문)

➡ ＿＿＿＿＿＿＿＿＿＿＿＿＿＿＿＿＿＿＿

(3) Roy and Christina are going to watch movies. (부정문)

➡ ＿＿＿＿＿＿＿＿＿＿＿＿＿＿＿＿＿＿＿

(4) Eun-seon is going to play the guitar. (의문문)

➡ ＿＿＿＿＿＿＿＿＿＿＿＿＿＿＿＿＿＿＿　No, ＿＿＿＿＿.

Oral Test

Challenge 1 미래를 나타내는 조동사가 뭐예요?

앞으로 일어날 일이나 계획을 나타낼 때 쓰이는 조동사로 [   ]과 [   ]의 표현이 있답니다.

Challenge 2 will은 언제 사용하나요?

(1) '~할 것이다, ~일 것이다'의 뜻으로 미래에 대한 단순한 예측을 하거나 말하는 순간 결정한 일에 사용해요.

It [   ] be sunny this afternoon. (예측) 오늘 오후에는 맑게 갤 것이다.

(2) 상대방에게 요청하거나 제안하는 의미로도 'will'을 씁니다.

[   ] you have dinner with me? (제안) 저와 저녁 드실래요?

Challenge 3 be going to는 언제 사용하나요?

(1) '~할 것이다, ~하려고 한다'의 의미로 가까운 미래에 예정된 계획이나 결심을 나타냅니다.

I [   ] visit my aunt tomorrow. 난 내일 고모를 찾아뵐 것이다.

(2) 말하는 사람의 의지와 관계없이 눈앞에 보이는 상황에 벌어질 일을 나타낼 때도 써요.

Look at those boys playing soccer! They [   ] break the window.
축구를 하고 있는 저 소년들을 봐! 그들은 창문을 깰 거 같아.

Challenge 4 부정문을 만들 수 있나요?

will 뒤에 [   ]을 붙이고, be going to는 be동사 뒤에 [   ]을 붙이면 됩니다.

Challenge 5 의문문을 만들 수 있나요?

[   ] + 주어 + 동사원형 ~ ?   ➡ Yes, S + will. / No, S+ will not (won't).

[   ] + 주어 + going to ~?   ➡ Yes, S + be동사 / No, S + be동사 + not.

Unit 7 ● 필요, 의무를 나타내는 must

Preview

Students **must** listen to the teacher. Students **mustn't** speak in class.
학생들은 선생님 말씀에 귀를 기울여야 한다. 학생들은 수업 중에는 말을 해서는 안 된다.

1 must는 상대방에게 그 일을 꼭 하라는 중요성을 강조하고, 선택의 여지가 없는 강한 의무를 나타내요. must not(= mustn't)은 '~해서는 안 된다'란 뜻으로 강한 금지를 나타내요.

You **must** finish this report. 너는 이 보고서를 끝내야 한다.

You **mustn't** tell a lie to your teacher. 너는 선생님께 거짓말을 해서는 안 된다.

She **must** eat vegetables. 그녀는 야채를 먹어야 한다.

2 must be는 '~임에 틀림없다'라는 뜻으로 어떤 상황에 대한 논리적 근거에 바탕을 둔 강한 확신(95%)을 나타낼 때도 써요.

A: Who is that woman? Is she a student? 저 여자는 누구죠? 학생인가요?

B: I don't know, but I've seen her go into the teacher's room. 잘 모르겠지만 그녀가 교무실로 들어가는 것을 봤어요.

A: Oh, she **must be** a teacher. She **must not be** a student.
아. 그녀는 선생님이 틀림없어요. 그녀는 학생이 아닐 거예요.

기본기 탄탄 다지기

1 괄호 안에서 알맞은 말을 고르세요.

(1) I must (go / went) to bed by 11.

(2) Today must (is / be) her birthday.

2 괄호 안에서 알맞은 것을 고르세요.

(1) I am late. I (must, must not) take a taxi.

(2) You have a big test tomorrow. You (must, must not) watch TV now.

(3) He (must leave, musts leave) now.

(4) Yoon-seon must (change, changes) her habits.

(5) Tom (must be, must is) smart.

(6) Rachel (must, must be) a nurse.

> take a taxi 택시를 타다
> watch v. 보다
> leave v. 떠나다
> habit n. 습관
> nurse n. 간호사

게으름 피면 안된다

Unit 8 ● 필요, 의무를 나타내는 have to

He **has to** study for his test.
그는 시험을 위해 공부해야 한다.

Today is Sunday. You **don't have to** get up early.
오늘은 일요일이다. 너는 일찍 일어날 필요가 없다.

1 have to는 '~해야 한다'라는 뜻으로 must와 마찬가지로 강한 의무를 나타내요. 일상 영어에서는 must보다 have to를 더 많이 써요. have to의 부정은 don't have to로 쓰고 '~할 필요가 없다'라는 불필요함을 나타내요.

We **have to** hand in our report tomorrow. 우리는 내일 보고서를 제출해야 한다.

She **doesn't have to** wait for him. 그녀는 그를 기다릴 필요가 없다.

You **don't have to** wash those glasses. They are clean. 너는 안경을 닦을 필요가 없다. 안경은 깨끗하다.

2 have to와 must는 과거형과 미래형이 없어서 각각 had to, will have to로 과거와 미래를 나타내요. 또한 don't have to의 과거형은 didn't have to로 나타내지만 must not의 과거형은 없어요.

I **had to** clean up my room yesterday. 나는 어제 내 방을 청소해야 했다.

Yesterday was Sunday. I **didn't have to** get up early. 어제는 일요일이었다. 나는 일찍 일어날 필요가 없었다.

기본기 탄탄 다지기

1 빈칸에 알맞은 말을 써넣어 문장을 완성하세요.

(1) 너는 택시를 타야 한다.

　　You _____ take a taxi.

(2) 그녀는 피아노를 연습해야 한다.

　　She _____ to practice the piano.

(3) 학생들은 부모님께 거짓말을 해서는 안 된다.

　　Students _____ _____ tell a lie to their parents.

(4) 너는 지금 그곳에 갈 필요는 없다.

　　You _____ _____ _____ go there now.

(5) 크리스티나는 아픈 것이 틀림없다.

　　Christina _____ _____ sick.

practice v. 연습하다
lie n. 거짓말
sick a. 아픈

▶have to와 같은 의미로 사용되는 have got to는 주로 친한 사람들과의 대화에 쓰여요. I've got to study tonight. / Have you got to see the doctor tomorrow?

▶don't have to와 같은 뜻으로 don't need to가 있어요. You don't need to worry about Peter.
영국식 영어에서는 don't need to 대신에 need not을 사용해요. You needn't worry about Peter.

You **should** lose weight. = You **had better** lose weight.
너는 살을 빼야 한다.
You **shouldn't** eat so much. = You **had better not** eat so much.
너는 너무 많이 먹지 않는 게 좋겠다.

1 should는 '~하는 게 좋겠다, ~하는 게 좋은 생각이다'라는 뜻으로 충고나 조언(advice, good idea)을 나타내요. 부정문은 should 바로 뒤에 not을 붙여 만들어요.

You **should** eat more. You're skinny. 너는 좀 더 많이 먹는 게 좋겠다. 너무 말랐어.

You **shouldn't** walk alone on city streets after dark. It's dangerous.
너는 어두워진 후에 도시거리를 혼자 걷지 않는게 좋다. 위험하다.

2 had better는 should와 뜻이 같지만 보다 더 강한 어조로 충고하거나 조언할 때 써요. had better 뒤에 동사원형이 오고 You'd better처럼 축약형으로 자주 써요. 부정문은 had better 바로 뒤에 not을 붙여 만들어요.

It's raining. You**'d better** take an umbrella. 비가 오고 있다. 너는 우산을 가져가는 게 좋겠다.

We**'d better not** be late, or we'll miss the plane. 우리는 늦지 않는 게 좋겠다. 그렇지 않으면 비행기를 놓칠 거야.

기본기 탄탄 다지기

1 다음 괄호 안에 알맞은 것을 고르세요.

(1) We (should, have) respect the rights of others.

(2) It's too cold. We'd (should, better) stay indoors.

(3) You (had, should) better prepare for the exams.

> respect v. 존중(존경)하다
> right n. 권리
> prepare v. 준비하다

2 빈칸에 should 또는 shouldn't를 넣어 문장을 완성하세요.

(1) Your clothes are dirty. You _____ wash them.

(2) You _____ speak fast. Your audience may not understand you.

(3) I didn't pass my exam. I _____ study hard.

(4) If you don't know what to do, you _____ ask someone.

(5) You _____ use your hands too much when you speak.
    A hand sign may have a different meaning.

> dirty a. 더러운
> audience n. 청중, 관중
> hand sign 손짓
> meaning n. 의미

서술형 기초 다지기 ③

1 다음 문장에서 <u>틀린</u> 부분을 찾아 바르게 고치세요.

(1) Jane should draws a picture.　　　　_____

(2) I don't must visit my uncle's house.　　_____

(3) You must cut not in line.　　　　　_____

(4) Roy doesn't has to buy the tickets.　　_____

(5) We have to helping old and weak people.　_____

2 다음 그림을 보고 내용에 맞도록 주어진 단어를 이용하여 문장을 완성하세요.

(1) 　　(must, run)

　　We are late. We _____.

(2) 　　(should, be quiet)

　　You _____ in here.

(3) 　　(must, smoke)

　　You _____ in a non-smoking area.

3 다음 보기에서 알맞은 표현을 찾아 괄호 안의 조동사를 함께 사용하여 문장을 완성하세요.

go to bed	go to class in time	not park here	wash clothes by hand

(1) The washing machine is broken. You _____. (have to)

(2) You _____. The parking lot is over there. (must)

(3) Jason is still studying at 11:00 p.m. _____. (should)

(4) You _____, or your teacher will get angry with you. (had better)

4 대화의 빈칸에 알맞은 말을 쓰세요.

(1) Q: I have a headache.

　　A: I'm sorry to hear that. You'd _____ take a rest.

(2) Q: Should I call him back?

　　A: Yes, you _____.

(3) Q: Does she have to go to the supermarket right now?

　　A: No, she _____ _____ _____.

5 우리말과 뜻이 같도록 주어진 단어를 배열하세요.

(1) 그 아이스크림은 틀림없이 맛있을 거야. (must, the, good, ice cream, be)

　　_____

(2) 나는 일찍 출근해야 한다. (I, go, early, to, should, work)

　　_____

(3) 나는 기말고사를 위해 열심히 공부해야 한다. (have, to, I, the, final exam, study, for, hard)

　　_____

6 다음 빈칸에 알맞은 말을 고르세요.

> Mr. Jason works as an English teacher. He will not go to work tomorrow because tomorrow is Sunday. He _____ get up early tomorrow.

① don't have to　　　　　　　② has to

③ should　　　　　　　　　　④ had better

⑤ doesn't have to

7 다음 중 어법에 맞는 것을 고르세요.

(1) You [don't must hit / must not hit] your dog.

(2) Tom [doesn't have to / has not to] buy a book.

(3) You [don't must throw / must not throw] things on the streets.

(4) Tim [don't have to / doesn't have to] come home early.

Oral Test

Challenge 1 must는 언제 사용하나요?

(1) 강한 의무: [   ]의 뜻이 돼요.

(2) 현재의 강한 추측을 나타내는 must be : '[   ]'의 뜻으로 사용해요.

(3) 강한 금지를 나타내는 must not : '[   ]'의 뜻으로 사용된답니다.

Challenge 2 have to는 언제 사용하는 건가요?

(1) 강한 의무로 '~해야 한다'의 뜻으로 사용해요.

현재형	
과거형	
미래형	

(2) have to의 부정은 have not to가 아니에요: [   ]를 사용하여 '~할 필요가 없다(불필요)'
의 뜻이 돼요. (= don't need to, need not)

Challenge 3 should는 must와 다른 건가요?

(1) '[   ]': 권유 또는 충고 (= had better)의 뜻으로 사용돼요.

(2) '[   ]': 의무 또는 책임(= ought to)의 뜻으로 사용돼요.

Challenge 4 '~해야 한다'의 뜻이면 모두 다 똑같이 사용할 수 있나요?

(1) 강제성을 지닌 '의무나 필요'를 표현할 때는 [   ] = must

  – 일상 영어에서는 have to를 더 자주 사용한답니다.

(2) 상대방에게 권유하는 '충고나 제안'을 표현할 때는 [   ] = had better 동사원형

1 다음 중 대화가 자연스럽지 <u>않은</u> 것은?

① A: Can you play the guitar?
   B: Yes, I can.
② A: Will you play soccer?
   B: No, I won't.
③ A: Can you speak French?
   B: No, I can't.
④ A: Do we have to leave now?
   B: No, you must.
⑤ A: May I use your pencil?
   B: Yes, you may.

[2–3] 다음 빈칸에 알맞지 <u>않은</u> 것을 고르세요.

2 She can _____.

① play the piano   ② run very fast.
③ throw balls fast   ④ speaks Japanese
⑤ drive a bus

3 She will play handball _____.

① before school   ② tomorrow
③ last night   ④ this weekend
⑤ next Saturday

4 다음 밑줄 친 부분과 공통으로 바꿔 쓸 수 있는 것은?

> • Karen <u>is going</u> to visit her grandparents.
> • <u>Can</u> you come to my birthday party tonight?

① were   ② will
③ does   ④ have to
⑤ must be

5 다음 중 <u>어색한</u> 것은?

① He won't come here in time.
② You don't should change your bad habits.
③ They can't play volleyball.
④ You don't have to go to the hospital.
⑤ You may not use my cell phone.

6 각 문장을 괄호 안의 지시대로 바꿔 보세요.

(1) You have to clean your room. (부정문)
➡ _____

(2) She must be a lawyer. (부정문)
➡ _____

(3) Bob has to solve the problem again. (의문문)
➡ _____

7 빈칸에 알맞은 말을 넣어 대화를 완성하세요.

(1) A: Do I have to say it again?
   B: No, you _____ _____ _____.

(2) A: I don't want to go to bed now.
   B: Children must _____ to bed early.

(3) A: I saw a ghost in my room!
   B: Don't be silly. It _____ be a ghost.

[8–9] 다음 빈칸에 들어갈 알맞은 말은?

8
> A: Can you go to the movies with me?
> B: I'm sorry _____.

① I can't   ② I can   ③ I will
④ I won't   ⑤ I don't

9

She _____ to the Lotte World tomorrow.

① went   ② goes   ③ will go
④ going   ⑤ is

10 밑줄 친 부분의 의미가 나머지 넷과 다른 것은?

① Do we have to study Chinese?
② Khan had to sing a song yesterday.
③ You must not eat snacks.
④ She must be a basketball player.
⑤ They must follow the rules.

11 다음 질문에 대한 대답으로 옳지 않은 것은?

A: Can you send this email for me?
B: _____

① Sure.   ② Yes, I can.
③ Of course.   ④ No problem.
⑤ Yes, I must.

[12-13] 다음 대화의 빈칸에 알맞은 것은?

12

A: Hello. _____ I speak to John?
B: Sorry, he's out now.

① May   ② Must
③ Am   ④ Have
⑤ Should

13

A: Watch out! That car almost hit you.
B: Oh, my goodness!
A: You _____ be careful!

① will   ② don't have to
③ had better not   ④ must not
⑤ should

14 다음 중 대화가 적절하지 않은 것은?

① A: Must I tell the truth?
   B: Yes, you must.
② A: Must I wait for her?
   B: No, you must not.
③ A: Can your brother play the violin well?
   B: Yes, he can.
④ A: Can I come over to your house now?
   B: Sure, you can.
⑤ A: May I use your cell phone?
   B: Yes, you may.

15 밑줄 친 부분의 뜻이 다른 하나를 고르세요.

① Can I go now?
② Can you play the flute?
③ Can you remember her phone number?
④ He can speak Spanish and French.
⑤ She can keep a diary in English.

지구야 생일 축하해!

Our planet called the Earth has a special day. It is like your birthday. We celebrate Earth Day on April 22 every year. We (A)_____ take care of the Earth. We need to have fresh water to drink. We (B)_____ save our rivers, lakes, and ponds from the pollution. We have to keep the trash clean to make the world beautiful. We can all help to keep our Earth clean. Let's (C)_____ our Earth by cleaning up the trash in our homes, schools, and neighborhoods.

1 윗글의 빈칸 (A), (B)에 공통으로 들어갈 알맞은 조동사를 고르세요.

① must not   ② should   ③ should not   ④ can't   ⑤ may

2 윗글의 흐름상 빈칸 (C)에 알맞은 말은?

① enjoy   ② make   ③ give   ④ forget   ⑤ save

Pair work A 보기와 같이 can과 can't를 이용하여 묻고 답하는 형식으로 말하기 연습을 하세요. 연습이 한번 끝난 후 서로 역할을 바꿔 다시 말하기 연습을 하세요.

bring / my lunch / ?

➡ Yes / But / eat / in class

A: Can I bring my lunch?

B: Yes, you can bring your lunch. But you can't eat in class.

1

bring / my cell phone / to school / ?

➡ Yes / But / use / your phone / in class

2

have / my MP3 player / to school / ?

➡ Yes/ But / listen to music / in class

Pair work B 보기와 같이 be going to를 이용하여 묻고 답하는 형식으로 말하기 연습을 하세요. 연습이 한번 끝난 후 서로 역할을 바꿔 다시 말하기 연습을 하세요.

➡ I / go bike riding

A: What are you going to do this weekend?

B: I'm going to go bike riding.

1

➡ I / go hiking with my family

2

➡ my friend and I / go swimming

출제의도 | can과 can't의 이해
평가내용 | 실생활에서 조동사 can을 사용할 수 있다.

서술형 유형	6점
난이도	하

A 주어진 표현을 이용하여 자신이 할 수 있는 것과 할 수 없는 것을 can과 can't를 이용하여 완전한 문장으로 쓰세요.

> **보기** write with my left hand
> ➡ I can write with my left hand. / I can't write with my left hand.

1 eat with chopsticks

➡ _____

2 see without glasses

➡ _____

3 stand on my head

➡ _____

4 ride a bicycle

➡ _____

5 speak English

➡ _____

6 play a musical instrument

➡ _____

평가영역	채점기준	배점
유창성(Fluency) & 정확성(Accuracy)	6개의 문장을 모두 올바른 표현과 함께 정확하게 완성한 경우 (문법, 철자가 모두 정확한 경우)	6×1 = 6점
	문법, 철자가 1개씩 틀린 경우	문항 당 1점씩 감점
	내용과 전혀 일치하지 않거나 답을 기재하지 못한 경우	0점

출제의도 | 조동사 must를 이용하여 하지 말아야 할 일 표현하기
평가내용 | 조동사 must

서술형 유형	12점
난이도	중상

B 다음은 우리가 실생활에서 볼 수 있는 표지판입니다. 보기와 같이 must 또는 mustn't를 이용하여 하지 말아야 할 일을 주어 You를 이용한 완전한 문장으로 쓰세요.

보기

You must stop here.

1 　　　2 　　　3

4 　　　5 　　　6

1 _____

2 _____

3 _____

4 _____

5 _____

6 _____

평가영역	채점기준	배점
유창성(Fluency) & 정확성(Accuracy)	6개의 문장을 모두 올바른 표현과 함께 정확하게 완성한 경우 (문법, 철자가 모두 정확한 경우)	6×2 = 12점
	문법, 철자의 오류가 1개씩 있는 경우	문항 당 1점씩 감점
	내용과 전혀 일치하지 않거나 답을 기재하지 못한 경우	0점

Chapter 5

출제의도 | 주어진 글을 읽고 should를 이용하여 충고하기

평가내용 | 조동사 should

서술형 유형	8점
난이도	중상

C 다음 상황을 읽고 상대방에게 해줄 수 있는 충고를 should와 shouldn't를 이용하여 완전한 한 문장으로 완성하세요.

 보기 Nancy has a headache.

➡ Nancy should see a doctor. / Nancy should take some headache medicine. / Nancy should lie down. / Nancy should take a break.

1  Olivia is making a salad. She hasn't washed her hands, and she hasn't washed the vegetables for the salad.

➡ _____

_____

2  Kevin has been studying all night. He's very tired.

➡ _____

_____

3  Peter often goes to bed late and gets up late. He's often late for school.

➡ _____

_____

4  Tom is hungry. He hasn't had lunch.

➡ _____

_____

평가영역	채점기준	배점
유창성(Fluency) & 정확성(Accuracy)	4개의 문장을 모두 올바른 표현과 함께 정확하게 완성한 경우 (문법, 철자가 모두 정확한 경우)	4×2 = 8점
	should를 사용하지 못하거나 문법, 철자가 1개씩 틀린 경우	문항 당 1점씩 감점
	내용과 전혀 일치하지 않거나 답을 기재하지 못한 경우	0점

실전 서술형 평가 문제

출제의도 | be going to를 이용하여 예정된 계획 표현하기
평가내용 | 미래시제 be going to

서술형 유형	12점
난이도	중상

 보기와 같이 주어진 표현을 이용하여 의문문을 만들고 Lucy의 다음 주 스케줄에 알맞은 대답을 써보세요.

Lucy's Diary	
Monday	play tennis with Meg
Tuesday	go to the dentist
Wednesday	study math
Thursday	clean my bedroom
Friday	read a novel
Saturday	meet my friends at the movie theater
Sunday	go to church

보기 play volleyball / next Monday/?

Q: Is Lucy going to play volleyball next Monday?

A: No, she isn't. She's going to play tennis with Meg.

1 watch TV / next Wednesday/?

Q: _____

A: _____

2 have a music lesson/ next Thursday/?

Q: _____

A: _____

3 stay at home / next Saturday/?

Q: _____

A: _____

평가영역	채점기준	배점
유창성(Fluency) & 정확성(Accuracy)	6개의 문장을 모두 올바른 표현과 함께 정확하게 완성한 경우 (문법, 철자가 모두 정확한 경우)	6×2 = 12점
	be going to를 바르게 사용하지 못하였거나 문법, 철자가 1개씩 틀리는 경우	문항 당 1점씩 감점
	내용과 전혀 일치하지 않거나 답을 기재하지 못한 경우	0점

Chapter 6
동사의 시제

Unit 1 • 현재시제

The alarm clock **rings** at 6 a.m. every morning.
알람시계는 매일 아침 6시에 울린다.
The World Cup **takes** place every four years.
월드컵은 4년에 한 번씩 열린다.

1 현재시제는 항상 '반복되는 일이나 행동'을 나타내거나 '지속적인 성질이나 현재의 생각과 감정' 그리고 '일상적인 습관' 등을 나타낼 때 써요.

I **drink** milk every morning. 나는 매일 아침 우유를 마신다.

I **think** friendship is important. 나는 우정이 중요하다고 생각한다.

Our school **begins** at 8:00 in the morning. 우리 학교는 아침 8시에 시작한다.

She **washes** her face and **brushes** her teeth every day. 그녀는 매일 세수하고 이를 닦는다.

2 현재시제는 '객관적인 사실이나 변하지 않는 진리'를 나타낼 때도 써요.

The earth **goes** around the sun. 지구는 태양 주위를 돈다.

Water **boils** at 100 degrees Celsius. 물은 100℃에서 끓는다.

The Nile **is** the longest river in the world. 나일강은 세계에서 가장 긴 강이다.

기본기 탄탄 다지기

1 괄호 안에서 알맞은 말을 고르세요.

(1) He (live, lives) in Seoul.

(2) I (walk, walked) to school every day.

(3) It (is, was) warm in spring.

(4) Yoon-seon (goes / went) to Australia once a month.

(5) Seoul (is / was) the capital of Korea.

(6) Colin (played, plays) on his school volleyball team.

> warm a. 따뜻한
> spring n. 봄
> capital n. 수도
> volleyball n. 배구

Unit 2 · 과거시제

Preview

Three years ago, Tiffany **worked** at a bakery.
Tiffany는 3년 전에 제과점에서 일을 했다.

They **went** to the movies three times last week.
그들은 지난주에 세 번 영화를 보러 갔다.

1 이미 과거에 끝난 동작이나 상태를 나타낼 때 과거시제를 써요. 주로 과거를 명확히 나타내는 yesterday, last week(year, month), 'in + 과거 연도', then, ago 등과 같은 부사(구)와 함께 써요.

I **had** a strange dream last night. 나는 어젯밤 이상한 꿈을 꾸었다.

Peter **went** to Myongdong last Saturday. Peter는 지난 토요일에 명동에 갔다.

Hong Myong-bo **was** on the Korean national team. 홍명보는 대한민국 대표팀에 있었다.

Mi-seon first **met** her husband in 2007. 미선이는 그녀의 남편을 2007년에 처음 만났다.

2 역사적 사실(historical facts)은 반드시 과거시제로 써야 해요.

The Korean War **broke** out in 1950. 한국전쟁은 1950년에 발발했다.

Korea **won** 4th place in the 2002 World Cup. 한국은 2002년 월드컵에서 4위를 했다.

The US Civil War **started** in 1861 and **ended** in 1865. 미국 남북전쟁은 1861년에 시작해서 1865년에 끝났다.

Chapter 6

기본기 탄탄 다지기

1 괄호 안에 있는 동사를 이용하여 문장을 완성해 보세요.

(1) Sunny _____(leave) her house at 8 o'clock yesterday. She _____(try) to find a taxi, but she _____(not can) find one. So she _____(not go) to work.

(2) I _____(have) a party for my birthday yesterday. All my friends _____(come). My sister _____(decorate) the house and _____(buy) a lot of soft drinks and snacks. Unfortunately, she _____(forget) something. My birthday present!

> try to 애쓰다
> find v. 찾다
> have a party 파티를 열다
> decorate v. 장식하다
> buy v. 사다, 구입하다
> unfortunately adv. 불행하게도
> forget v. 잊다
> present n. 선물

Preview

The next plane **leaves** at 4:00 p.m. tomorrow.
다음 비행기는 내일 오후 4시에 출발한다.

If it **rains** tomorrow, we won't go on a picnic.
내일 비가 오면 우리는 소풍을 가지 않을 것이다.

① 대표적인 미래시제는 will과 be going to가 있어요. be going to는 개인의 정해진 일정에 쓰지만 기차/비행기/회의/영화/공연 시간표와 같이 변경될 가능성이 없고 확실히 정해진 일정에는 현재시제를 써서 미래를 나타내요.

I'm **going to** meet my girlfriend at eight. 나는 8시에 여자 친구를 만날 거야.

The concert **begins** at 3:00. 그 콘서트는 3시에 시작한다.

There **is** a meeting at 9 tomorrow morning. 내일 아침 9시에 회의가 있다.

When **does** the train **leave** for Busan? 부산행 기차가 언제 출발하니?

② If로 시작하는 조건의 부사절이나, when, after, before로 시작하는 시간의 부사절에서는 현재시제를 써서 미래를 나타내요. 현재시제가 있는 부사절이 이미 미래의 표현을 내포하고 있어서 will을 쓰지 않아요.

If the weather **is** nice tomorrow, we'll go fishing. 내일 날씨가 좋다면, 우리는 낚시하러 갈 거야.

Before I **get** on the plane, I'll go to the Duty-free shop. 나는 비행기에 탑승하기 전에 면세점에 갈 거야.

I'll wear my new coat **if** it **is** cold tomorrow. 내일 날씨가 추우면 나는 새로 산 코트를 입을 거야.

기본기 탄탄 다지기

1 괄호 안에서 알맞은 표현을 고르세요.

(1) My plane (leaves / leaved) at 7:00 tonight.

(2) There (is / was) a meeting tomorrow.

(3) The next semester (begins / began) next month.

(4) (Is / was) there a conference next Monday?

(5) What time does the soccer game (begins / begin) tomorrow?

meeting n. 회의
semester n. 학기
conference n. 회의

2 괄호 안에서 알맞은 시제를 골라 보세요.

(1) We will go on a ski trip when winter (comes, came).

(2) If it (is, will be) fine tomorrow, let's go to the park.

▶이미 확실히 정해져 있는 일정은 현재시제가 미래를 표현해요. when이나 if와 같은 부사절에서는 미래시제 대신에 현재시제를 써야 합니다.

서술형 기초 다지기 ❶

1 괄호 안에서 알맞은 말을 고르세요.

(1) Plants [need / needs] water and light.

(2) I [have / had] a good dinner last night.

(3) She [flies / flew] to France a month ago.

(4) What's wrong? You [look / looked] sad now.

(5) We [are / were] elementary school students last year.

2 그림을 보고 괄호 안에 있는 동사를 활용하여 올바른 과거시제를 쓰세요.

(1)
I _____ (not go) to the movie theather.
I _____ (go) to Kevin's birthday party.

(2)
My dad _____ (not read) a magazine yesterday.
He _____ (read) a newspaper.

(3)
Jane and Frank _____ (not sleep) in a hotel room.
They _____ (sleep) in a tent.

(4)
We _____ (not do) our homework.
We _____ (do) the washing-up.

3 다음 문장 중 어법상 올바른 것을 고르세요.

① What time does he gets up in the morning?　② I doing my homework now.

③ They come here last Saturday.　④ The marathon is next Sunday.

⑤ The earth was round.

4 괄호 안에서 알맞은 말을 고르세요.

(1) Christina [lives / lived] in Hong Kong now.

(2) He [makes / made] a kite last night.

(3) Susan [listens / listened] to the music every morning.

(4) Dennis [cuts / cut] the tree yesterday.

(5) We [go / went] to China last month.

(6) They [come / came] back two weeks ago.

(7) I [write / wrote] a letter to Sally then.

5 우리말과 같은 뜻이 되도록 괄호 안의 단어를 이용하여 빈칸을 채우세요.

(1) 그 서점은 매일 아침 6시에 문을 연다. (open)

= The bookstore _____ at 6:00 every morning.

(2) 닐 암스트롱은 1969년에 달에 착륙했다. (land)

= Neil Armstrong _____ on the moon in 1969.

6 표의 내용과 일치하도록 빈칸에 알맞은 말을 쓰세요.

	Yesterday	Every day
Mi-seon	play computer games	update her mini homepage
Yoon-seon	wash the dishes	download music files
Eun-seon	study Japanese	read comic books

(1) Eun-seon _____ Japanese yesterday.

(2) Mi-seon _____ her mini homepage every day.

(3) Yoon-seon _____ the dishes yesterday.

(4) Every day Eun-seon _____ comic books.

(5) Yesterday, Mi-seon _____ computer games.

(6) Every day Yoon-seon _____ music files.

Oral Test

Chapter 6

Challenge 1 현재시제가 뭐예요?

(1) 현재시제는 늘, 항상, 반복된 동작, 일상적인 습관의 의미를 나타냅니다.

Mike ⬚ to school on foot. 마이크는 학교에 걸어 다닌다.

(마이크는 학교에 어제도 걸어갔고, 오늘도 걸어갔고, 내일도 걸어갈 겁니다.)

(2) 현재시제는 일반적(과학적)인 사실이나 변하지 않는 진리를 표현할 때 씁니다.

Challenge 2 과거시제는 뭐예요?

(1) 과거시제란 일의 시작도 ⬚, 일이 끝난 것도 ⬚를 나타내요.

(2) 과거시제는 흔히 과거를 나타내는 부사구와 함께 자주 사용돼요.

과거표시 부사어구: yesterday, last night(week, month, year 등), ago

(3) 과거의 역사적 사실은 항상 ⬚시제를 써야 해요.

Challenge 3 미래를 나타내는 시제는 어떤 것들이 있나요?

(1) 미래를 나타내는 가장 대표적인 방법은 will, be going to를 쓰는 거예요.

(2) 비행기 시간, 영화상영 시간 같이 공식적인 시간표나 분명한 계획이 있는 일을 말할 때 ⬚로 미래의 의미를 나타낼 수 있어요.

The next plane to Seoul **takes off** at 9:00 a.m. tomorrow. 다음 서울행 비행기는 내일 오전 9시에 출발합니다.

(3) 때나 조건을 나타내는 부사절에서는 미래에 일어날 일이라 하더라도 will을 쓰지 않고 ⬚를 써서 표현해야 해요.

Will you wait here **until** the train **leaves**? 기차가 떠날 때까지 여기서 기다릴 거니?

If it **is** hot tomorrow, we will go swimming. 내일 날씨가 더우면, 우리는 수영하러 갈 거야.

시간의 부사절로는 when, before, after, until, 조건의 부사절은 if, unless 등이 있어요.

Unit 4 ● 현재 진행시제

Preview

That girl **is looking** at me! 저 소녀는 나를 보고 있다.
She **is wearing** sunglasses. 그녀는 선글라스를 끼고 있다.
She **is drinking** lemonade. 그녀는 레몬에이드를 마시고 있다.

① 현재진행형은 be동사의 현재형(am, is, are) + v-ing으로 만들어요. 말하는 그 순간에 지금 진행하고 있는 행동을 표현해요. '~하고 있다, ~하고 있는 중이다'로 해석해요.

He **is going** to the post office now. 그는 지금 우체국으로 가고 있다.

My mom **is washing** the dishes now. 엄마는 지금 설거지를 하고 계신다.

They **are dancing** on stage. 그들은 무대 위에서 춤을 추고 있다.

The sky **is becoming** darker and darker. 하늘이 점점 어두워지고 있다.

Q: **Are** you **looking** for this? 이것을 찾고 있나요?
A: **Yes**, I **am**. Thanks a lot. 네. 감사합니다.

코딱지 파고 있는 중!

기본기 탄탄 다지기

1 현재 진행시제는 'be + v-ing'의 형태로 말하는 순간, 즉 지금 [   ]일을 나타내요.

2 주어에 알맞게 현재진행형을 만들어 보세요.

(1) I (am, are, is) (make, making) a toy.

(2) You (am, is, are) (making, make) a toy.

(3) He (am, is, are) (study, studying) English.

(4) She (am, is, are) (studying, study) English.

(5) We (am, is, are) (bake, baking) cookies.

(6) They (am, is, are) (baking, bake) cookies.

> ▶ 정해진 계획과 일정에는 현재진행형이 미래를 나타낼 수 있어요. 주로 움직임을 나타내는 come, go, arrive, leave나 교통수단을 나타내는 fly, ride, drive, take 등이 자주 쓰여요.
> • She is leaving for Seoul next week. 그녀는 다음 주에 서울로 떠날 거야.
> • Jane is flying to New York in two hours. 제인은 2시간 후에 뉴욕으로 갈 거야.
> 미래를 나타내는 현재진행형은 개인의 정해진 일정이므로 be going to와 같은 뜻이고 서로 바꿔 쓸 수 있어요.

bake v. (빵 등을) 굽다

The students **are studying** in the library.

학생들은 도서관에서 공부하고 있다.

They **are reading** books.

그들은 책을 읽고 있다.

1 진행형 시제는 'be동사(is, am, are, was, were) + v−ing' 형태로 만들어요. 동사에 −ing를 붙여 진행형을 만드는 방법을 살펴볼까요?

대부분의 동사원형: −ing를 붙임	play - play**ing** eat - eat**ing**	read - read**ing** study - study**ing**	work - work**ing**
e로 끝나는 동사: e를 없애고 −ing를 붙임	love - lov**ing** make - mak**ing**	come - com**ing** save - sav**ing**	write - writ**ing**
『단모음 + 단자음』으로 끝나는 1음절 동사: 자음을 한 번 더 쓰고 −ing를 붙임	stop - stop**ping** sit - sit**ting**	run - run**ning** plan - plan**ning**	swim - swim**ming**
−ie로 끝나는 동사: ie를 y로 고치고 −ing를 붙임	die - d**ying**	lie - l**ying**	tie - t**ying**

기본기 탄탄 다지기

1 주어진 동사의 현재진행형을 써보세요.

(1) look - _____   buy - _____

(2) run - _____   study - _____

(3) visit - _____   get - _____

(4) lie - _____   listen - _____

(5) sing - _____   move - _____

(6) make - _____   die - _____

(7) cry - _____   stand - _____

(8) sleep - _____   write - _____

(9) fly - _____   use - _____

Unit 6 ● 과거 진행시제와 의문문, 부정문

I **saw** you yesterday morning.
내가 어제 아침에 널 봤어.

Q: **Were** you **listening** to music?
너는 음악을 듣고 있었니?

You **were waiting** for a bus.
너는 버스를 기다리고 있더라.

A: Yes, I **was**.
응, 그래.

① 과거진행형은 'was(were) + v−ing' 형태로 과거의 한 시점에서 진행중이었던 동작을 나타내요. '~하고 있었다'로 해석해요.

They **were riding** a roller coaster. 그들은 롤러코스터를 타고 있었다.

She **was taking** a walk in the park. 그녀는 공원에서 산책을 하고 있었다.

② 진행형의 부정은 be동사 바로 뒤에 not을 붙여 만들어요. 의문문 또한 be동사의 의문문과 똑같이 be동사를 문장 맨 앞으로 보내고 물음표(?)를 붙이기만 하면 돼요. 대답은 Yes나 No로 하고 주어에 따라 알맞은 be동사로 대답해요.

Q: **Was** Lisa **sleeping** at 10:00 yesterday? Lisa는 어제 10시에 자고 있었니?
A: **Yes**, she **was**. / **No**, she **wasn't**. 응. / 아니.

기본기 탄탄 다지기

1 주어진 문장을 과거진행형으로 바꿔 쓰세요.

(1) I eat grapes on the dish.

➡ I ＿＿＿＿＿＿＿＿ grapes on the dish.

(2) The boys swim in the pool.

➡ The boys ＿＿＿＿＿＿＿＿ in the pool.

grape n. 포도
ticket n. 표, 입장권

2 다음 문장을 의문문으로 바꿔 쓰세요.

(1) She is watching a movie.

➡ ＿＿＿＿ ＿＿＿＿ ＿＿＿＿ a movie?

(2) They are swimming in the pool.

➡ ＿＿＿＿ ＿＿＿＿ ＿＿＿＿ in the pool?

(3) He was visiting his grandparents.

➡ ＿＿＿＿ ＿＿＿＿ ＿＿＿＿ his grandparents?

watch v. 보다
grandparents n. 조부(모)

서술형 기초 다지기 ②

1 동사의 –ing형의 형태를 쓰세요.

	동사원형	–ing형		동사원형	–ing형
1	play		7	work	
2	love		8	eat	
3	come		9	write	
4	stop		10	run	
5	die		11	get	
6	read		12	lie	

2 그림을 보고 우리말과 일치하도록 빈칸에 알맞은 말을 쓰세요.

(1)

A: Is she playing the violin?

B: No, she isn't. _____

그녀는 피아노를 치고 있어요.

(2)

A: What _____ then?

그녀는 그때 무엇을 하고 있었나요?

B: She was reading a book then.

3 괄호 안의 단어를 이용하여 문장을 완성하세요.

(1) 그들은 영어 수업에 관해 이야기하고 있다.

They _____ _____ about the English class. (talk)

(2) Karen은 그녀의 머리핀을 고르고 있었다.

Karen _____ _____ her hair pin. (choose)

(3) 나는 거짓말을 하고 있는 것이 아니다.

I _____ _____ _____ a lie. (tell)

(4) 그는 지금 음악을 듣고 있니?

_____ he _____ to music now? (listen)

4 다음 질문에 알맞은 대답을 찾아 연결하세요.

(1) Are you studying science? •   • a. She is cleaning her room.

(2) What is Kelly doing now? •   • b. No, it isn't.

(3) Is he playing basketball? •   • c. He is doing his homework.

(4) Where are they going? •   • d. Yes, he is.

(5) What is Jason doing ? •   • e. They are going to school.

(6) Is it raining outside? •   • f. Yes, I am.

5 괄호 안의 동사를 알맞은 형태로 바꾸세요.

(1) What are you (do) now? _____

(2) They are (play) computer games. _____

(3) I (not wait) for Kelly. I'm (wait) for Karen. _____, _____

(4) What is she doing? / She is (chat) on the Internet. _____

6 다음 그림을 보고 상황에 맞도록 현재진행형을 이용하여 문장을 완성하세요.

(1)   (2)   (3)

(1) The man _____ in the park. (run)

(2) She _____ to the music. (listen)

(3) The dog _____ glasses. (wear)

7 다음 글을 읽고, 어법상 틀린 것을 골라 바르게 고쳐 쓰세요.

> We're ① looking for a little girl. Her name is Sunny. She ② is seven years old. She ③ has curly black hair. She is in a pink dress. She ④ was riding a bicycle. Her parents ⑤ were waiting for her at the gate now. Please help them.

Oral Test

Chapter 6

Challenge 1 진행시제가 뭐예요?

(1) 지금 하고 있는 동작을 나타내는 말로 [   ]의 형태로 나타내요. 즉, 말하는 그 순간에 진행 중인 동작이나 행동을 나타냅니다.

(2) 주어의 [   ]에 따라 be동사가 결정됩니다.

Challenge 2 현재진행형이 뭐예요?

(1) be동사 (am, is, are) + −ing형으로 우리말 '~하고 있다, ~하고 있는 중이다'의 뜻이에요.

I am studying. I am not playing soccer.

(2) 현재와 현재진행형의 차이: 현재는 '반복적 습관이나 일반적 사실'을 나타내고, 현재진행형은 지금 진행 중인 동작을 나타내요.

Roy **plays** tennis every Sunday.   Now, Roy **is playing** tennis with Tom.
Roy는 매일 일요일에 테니스를 친다.   지금 Roy는 Tom과 함께 테니스를 치고 있다.

(3) 진행형 동사 만드는 법 : 『동사원형−ing』 (직접 만들어 보세요.)

대부분의 동사원형에 −ing	play - [ ] read - [ ] work - [ ]
e로 끝나는 동사 → e를 없애고 + −ing	love - [ ] come - [ ] write - [ ]
『단모음 + 단자음』으로 끝나는 1음절 동사 → 자음을 한 번 더 쓰고 + −ing	stop - [ ] run - [ ] cut - [ ]
−ie로 끝나는 동사 → ie를 y로 고치고 + −ing	die - [ ] lie - [ ] tie - [ ]

Challenge 3 과거진행형은 뭐예요?

(1) was, were + V−ing 형으로 우리말 '~하고 있었던 중, ~하고 있었다'라는 뜻이에요.

(2) 과거와 과거진행형의 차이: 과거는 과거에 이미 끝난 동작이나 상태를 나타내고, 과거진행형은 과거의 한 시점에 계속 진행 중이었던 일을 나타냅니다.

It [   ] a lot last night.   It [   ] at 11 o'clock last night.
어젯밤에 눈이 많이 내렸다.   어젯밤 11시에 눈이 내리고 있었다.

1 빈칸에 알맞은 말을 고르세요.

> A: Hey, Tom. I saw you at the party last night.
>
> B: _____ I was not there yesterday.

① That sounds great.
② You're right.
③ I'm sorry to hear that.
④ Are you kidding?
⑤ You were kidding.

[2-3] 빈칸에 어법상 적절한 것을 고르세요.

2 I _____ a picture now.

① drew
② am drawing
③ is drawing
④ draws
⑤ were drawing

3 The birds _____ outside the window now.

① sings
② sang
③ was looking
④ is singing
⑤ are singing

4 표의 내용과 일치하도록 과거진행형을 이용하여 빈칸을 채우세요.

	7:00~7:30 a.m.	8:30~9:00 a.m.	6:00~6:30 p.m.
Roy	wash his face	go to school by subway	have dinner
Kelly	jog in the park	walk to school	have dinner with her family

(1) Roy _____ _____ to school by subway at 8:40 a.m.

(2) Kelly _____ _____ in the park at 7:20 a.m.

(3) Roy _____ _____ his face at 7:10 a.m.

(4) Kelly _____ _____ to school at 8:30 a.m.

(5) Kelly _____ _____ dinner with her family at 6:20 p.m.

(6) Roy _____ _____ dinner at 6:10 p.m.

5 우리말과 뜻이 같도록 괄호 안의 말을 이용하여 문장을 완성하세요.

(1) 그는 겨울에 스키타러 간다. (go skiing)
   He _____ _____ in winter.

(2) Sunny는 매일 아침 샤워를 한다. (take a shower)
   Sunny _____ _____ _____ every morning.

(3) 그들은 어제 축구경기를 봤다. (watch)
   They _____ a soccer game yesterday.

6 다음 중 미래를 표현하는 문장이 <u>아닌</u> 것은?

① It will rain heavily this summer.
② Rachel is still working at the bank.
③ It is going to snow tonight.
④ Karen is going to be 12 next year.
⑤ The train arrives at 10 tonight.

7 밑줄 친 부분의 쓰임이 나머지와 <u>다른</u> 것은?

① She <u>is making</u> a plan for her future.
② He <u>is painting</u> the gate.
③ They <u>are sitting</u> on the bench.
④ Mark <u>is taking</u> a bath now.
⑤ We <u>are leaving</u> for New York this evening.

8 다음 문장의 빈칸에 어울리지 <u>않는</u> 것은?

> They visited Jejudo _____.

① yesterday   ② last year
③ last weekend   ④ last month
⑤ next Saturday

9 다음 질문에 어울리는 대답은?

> Q: Is it snowing there?
> A: _____

① No, I can't go there.
② Yes, it's raining.
③ No, it's cloudy and cool.
④ Yes, I can.
⑤ No, I like to go skiing.

[10–11] 우리말과 뜻이 같도록 괄호 안의 단어를 배열하세요.

10 너 지금 어디에 가고 있니?

[are / where / going / now / you]

➡ _____

11 Karen이 도서관에서 나를 기다리고 있어.

[in the library / is / for / waiting / me / Karen]

➡ _____

12 다음 빈칸에 들어갈 수 <u>없는</u> 것은?

> Christina had a blind date _____.

① last weekend   ② yesterday
③ this morning   ④ last night
⑤ tomorrow

13 빈칸에 들어갈 말로 알맞은 것은?

> We'll stay at home if it _____.

① rain   ② rains
③ rained   ④ will rain
⑤ was raining

14 다음 대화의 빈칸에 알맞은 것은?

> Q: What's your brother doing?
> A: _____

① Yes, he is doing well.
② I am painting a picture.
③ He goes to the police officer.
④ He is doing his homework.
⑤ No, he is playing the violin.

15 괄호 안의 말을 알맞은 형태로 고쳐 다음 대화의 빈칸을 완성하세요.

> A: What were you doing in the evening?
>   I called you many times.
> B: _____
>   (listen to music)

16 다음 그림을 보고 주어진 단어들을 바르게 배열하여 문장을 쓰세요.

[are / on the phone / they / talking]

_____

파티를 열어요!

Sunny: Hey Josh, it's me, Sunny! What _____ you _____(do)?

Josh: Hi, Sunny. Well. I _____ _____(surf) the Internet.

Why _____ you _____(ask)?

Sunny: I _____ _____(go) to the party. Do you want to join me? Tom and I _____

_____(take) part in a dancing contest.

Josh: I'd love to come, but my parents _____ _____(go) out. And I

_____ _____(stay) at home with my younger brother.

(A)_____, I must be here. Have fun at the party.

1 윗글에서 괄호 안에 동사를 활용하여 알맞은 말을 채우세요.

2 윗글의 흐름상 빈칸 (A)에 알맞은 말은?

① However   ② Because   ③ And   ④ Or   ⑤ So

A 보기와 같이 과거시제를 이용하여 묻고 답하는 형식으로 말하기 연습을 하세요. 연습이 한번 끝난 후 서로 역할을 바꿔 다시 말하기 연습을 하세요.

Bob / talk to Karen / yesterday / ?

No ➡ talk to William

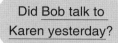
Did Bob talk to Karen yesterday?

A

No, he didn't. He talked to William.

B

1

Kelly / visit her friends / last night / ?

No ➡ stay / at home

2

Tom / clean his room / last night / ?

No ➡ play computer games

B 보기와 같이 현재 진행형을 이용하여 말하기 연습을 하세요. 연습이 한번 끝난 후 서로 역할을 바꿔 다시 말하기 연습을 하세요.

the boy / eat

No ➡ drink water

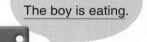
Look! The boy is eating.

A

No, he isn't eating. He is drinking water.

B

1

the woman / work

No ➡ eat a doughnut

2

the boys / play tennis

No ➡ study English

Chapter 6

출제의도 | 현재시제와 현재 진행시제	**서술형 유형**	6점
평가내용 | 일상생활에서 현재시제와 현재 진행시제를 이용한 표현 능력	**난이도**	중하

 주어진 사진은 각각의 사람들이 주로 하는 일과 오늘 하고 있는 일을 나타내고 있습니다. 보기와 같이 현재시제와 현재 진행시제를 이용하여 완전한 문장으로 쓰세요.

draw some pictures   swim in a pool

보기 (Jane)

Jane usually draws some pictures, _____

but today she is swimming in a pool. _____

1

play tennis   play the violin

(Clark)

_____

_____

2

go rollerblading   ride their bicycles

(Sunny and Charlie)

_____

_____

평가영역	채점기준	배점
유창성(Fluency) & 정확성(Accuracy)	2개의 문장을 모두 올바른 표현과 함께 정확하게 완성한 경우 (문법, 철자가 모두 정확한 경우)	2×3 = 6점
	현재시제, 현재 진행시제, 문법, 철자가 1개씩 틀린 경우	문항 당 1점씩 감점
	내용과 전혀 일치하지 않거나 답을 기재하지 못한 경우	0점

실전 서술형 평가 문제

출제의도 | 과거 어느 특정 시점에서 진행 중이던 동작 표현
평가내용 | 과거 진행형을 이용한 과거의 행위 표현 능력 평가

B 다음은 어제 저녁에 사람들이 하고 있었던 일을 나타내는 사진들이에요. 보기와 같이 질문에 대한 알맞은 대답을 완전한 문장으로 쓰세요.

(Jason)

 보기

Was Jason cleaning the room at 9:00 yesterday evening?

➡ No, he wasn't. He was watching a movie.

(the children)

(Diane)

(Karen)

(Mark)

Chapter 6

1 Were the children doing their homework at 9:00 yesterday evening?

➡ _____

2 What was Diane doing at 9:00 yesterday evening?

➡ _____

3 Was Karen taking a shower at 9:00 yesterday evening?

➡ _____

4 What was Mark doing at 9:00 yesterday evening?

➡ _____

평가영역	채점기준	배점
유창성(Fluency) & 정확성(Accuracy)	4개의 문장을 모두 올바른 표현과 함께 정확하게 완성한 경우 (문법, 철자가 모두 정확한 경우)	4×3 = 12점
	과거진행을 만들지 못하였거나 문법, 철자가 1개씩 틀린 경우	문항 당 1점씩 감점
	내용과 전혀 일치하지 않거나 답을 기재하지 못한 경우	0점

실전 서술형 평가 문제

출제의도 | 주어진 표를 보고, 올바른 과거형 문장 쓰기

평가내용 | 동사의 과거형과 부정문

서술형 유형	8점
난이도	중

C 다음은 Peter가 어제 했던 일과 하지 못했던 일을 정리한 표이다. 보기와 같이 과거시제를 이용하여 완전한 문장을 완성해 보세요.

	V	X
clean	the garage	bedroom
1. visit	the National Gallery	grandparents
2. study	Korean	Japanese
3. play	basketball	baseball
4. listen	to music on the radio	to English tapes

보기

Yesterday, Peter cleaned the garage, but he didn't clean his bedroom.

1 _____

2 _____

3 _____

4 _____

평가영역	채점기준	배점
유창성(Fluency) & 정확성(Accuracy)	4개의 문장을 모두 올바른 표현과 함께 정확하게 완성한 경우 (문법, 철자가 모두 정확한 경우)	4×2 = 8점
	과거시제, 문법, 철자가 1개씩 틀린 경우	문항 당 1점씩 감점
	내용과 전혀 일치하지 않거나 답을 기재하지 못한 경우	0점

Answer Key
정답

문장이 뭐예요?

be동사 & 대명사

Unit 1 • 기본기 탄탄 다지기   p.12
1 ③
2 (1) My mother   (2) I   (3) He   (4) Sunny   (5) The food

Unit 2 • 기본기 탄탄 다지기   p.13
1 (1) looks   (2) is   (3) likes   (4) works
2 (1) O   (2) X   (3) O   (4) X   (5) O

Unit 3 • 기본기 탄탄 다지기   p.14
1 ugly, beautiful, small, good, happy
2 (1) 목적어   (2) 보어   (3) 목적어   (4) 보어   (5) 보어   (6) 목적어

서술형 기초 다지기 ❶   p.15
1 (1) X   (2) O   (3) X
2 (1) 주어   (2) 동사   (3) 보어   (4) 목적어
3 (1) 목   (2) 보   (3) 목   (4) 보
4 ③
5 ②
6 (1) She came   (2) is a big city
7 ⑤
8 (1) 보어   (2) 목적어   (3) 보어   (4) 보어   (5) 보어
9 ②
10 ④

Oral Test   p.17
1 문장
2 주어 / she / 명사 / 대명사
3 동사 / like
4 대상 / a bicycle / 명사 / 대명사
5 주어 / ugly / 명사 / 형용사

Grammar in Reading   p.18
1 ⑤
2 ④
안녕, 여러분, 너희들을 만나게 되어 기뻐. 내 이름은 주미선이야. 나는 13살이야. 나는 부산에서 왔어. 그곳은 아름다운 도시야. 오늘은 특별한 날이야. 중학교에서 첫날이야. 나는 새로운 친구들을 만나서 행복해. 나는 지금 매우 흥분돼. 중학교는 초등학교랑 많은 차이점이 있어. 초등학교에서는 단지 한 분의 담임선생님이 계셨지만, 중학교에서 나는 많은 선생님과 함께 공부를 할 수 있어. 초등학교에서 나는 교복을 입지 않았어. 중학교에는 교복이 있어. 또한 친구들이 많이 있어. 매우 즐거운 일이야.

Unit 1 • 기본기 탄탄 다지기   p.20
1 ~이다, ~있다
2 (1) 이다   (2) 이다   (3) 있다   (4) 이다   (5) 이다   (6) 있다

Unit 2 • 기본기 탄탄 다지기   p.21
1 (1) am   (2) are   (3) is   (4) are   (5) are
2 (1) was   (2) was   (3) were   (4) was

Unit 3 • 기본기 탄탄 다지기   p.22
1 (1) was   (2) was   (3) were
2 (1) is   (2) are   (3) were   (4) are   (5) was

서술형 기초 다지기 ❶   p.23
1 (1) Dennis는 영어 선생님이다.   (2) Dennis는 교실에 있다.
2 (1) are   (2) are   (3) is   (4) is
3 (1) are   (2) am   (3) is   (4) are   (5) are
4 (1) am, was   (2) are, were   (3) is, was   (4) are, were
5 ②
6 (1) He is angry now.   (2) He is handsome.
(3) They are cute.
7 (1) was   (2) was   (3) were   (4) were
8 (1) was, am   (2) was, is   (3) are, are
9 (1) 그들은 학교 정문 앞에 있다.   (2) 내 친구들은 공항에 있다.

Oral Test   p.25
1 성질, 상태
2 이다, 있다 / (1) 이다 (2) 있다
3 am, are, is
4 was, were, was, were

Unit 4 • 기본기 탄탄 다지기   p.26
1 ③
2 (1) I'm   (2) She's   (3) aren't   (4) You're   (5) isn't   (6) He's

Unit 5 • 기본기 탄탄 다지기   p.27
1 (1) Are you   (2) Is he   (3) Are we   (4) Are they   (5) Is she
2 (1) Is he a scientist?
(2) Are they hungry?
(3) Are you healthy? / Am I healthy?
(4) Is she a painter?
(5) Are they smart? / Are Yoon-seon and Mi-seon smart?

Unit 6 • 기본기 탄탄 다지기   p.28
1 (1) he is   (2) they are not(aren't)   (3) she is
(4) they are not(aren't)   (5) I was not(wasn't)   (6) she was

서술형 기초 다지기 ❷   p.29

1 (1) weren't(were not)　　(2) Are
(3) Was, he　　(4) are, not

2 ④

3 (1) isn't, is　(2) isn't, is　(3) Yes, is, is　(4) No, they, aren't
(5) No, isn't, is

4 (1) Are, am　(2) Are, No, they　(3) was, was

5 ③

6 (1) Thomas Cruise is an actor.　(2) Are they your grandparents?
(3) Were you in the library?

7 (1) It's not good news. / It isn't good news.
(2) She's not smart. / She isn't smart.

8 (1) she, is, she, isn't, she's, not　(2) I, am, I'm, not
(3) he, is, he, isn't, he's, not

Oral Test   p.31

1 not, not, not
2 문장 맨 앞, Are, Are
3 대명사

Unit 7 ● 기본기 탄탄 다지기   p.32

1 (1) I　(2) you　(3) he　(4) she
(5) we　(6) you　(7) they

2 (1) He　(2) She　(3) It　(4) We

Unit 8 ● 기본기 탄탄 다지기   p.33

1 (1) He　(2) us　(3) They　(4) him

Unit 9 ● 기본기 탄탄 다지기   p.34

1 누구의 것
2 (1) Your　(2) ours　(3) hers　(4) them
(5) We　(6) me　(7) yours　(8) your

서술형 기초 다지기 ❸   p.35

1 (1) my　(2) Her　(3) your
2 (1) We　(2) theirs　(3) her
3 (1) We　(2) They　(3) His　(4) Her
4 (1) is, He　(2) is, She　(3) are, They　(4) am, I
(5) are, We　(6) is, It
5 (1) her, hers　(2) her, hers　(3) his, his
6 He, He, handsome, His, my, She, Her, She, Her
7 ④

Oral Test   p.37

1 I, we, you, you, he/ she/ it, they
2 주격, 목적격, 소유격
3 명사, 대명사, mine, yours, his, hers, theirs

Unit 10 ● 기본기 탄탄 다지기   p.38

1 (1) This　(2) That　(3) These　(4) Those
2 (1) This, is　(2) Those, are　(3) These, are　(4) Those, are　(5) That, is

Unit 11 ● 기본기 탄탄 다지기   p.39

1 (1) these dogs　(2) those houses　(3) those balls
(4) these pencils　(5) those boxes　(6) these children

2 (1) that　(2) That's　(3) Those
(4) This　(5) That

Unit 12 ● 기본기 탄탄 다지기   p.40

1 (1) it　(2) they　(3) they　(4) it
2 (1) It　(2) They　(3) It　(4) They　(5) It

서술형 기초 다지기 ❹   p.41

1 (1) This, That　(2) These, Those
2 (1) This　(2) This　(3) That　(4) Those
3 (1) That　(2) These
4 It was
5 ⑤
6 Are those her babies?
7 (1) Y　(2) Y　(3) X　(4) Y　(5) Y　(6) X
8 (1) this, car　(2) these, questions　(3) that, movie
9 ③

Oral Test   p.43

1 (1) This, This　(2) That, That
2 these, those
3 단수, 복수
4 it, they, it, they

중간 · 기말고사   p.44

1 ③
2 ③
3 ⑤
4 ⑤
5 ②
6 ⑤
7 ④
8 isn't → wasn't
9 (1) We are not (aren't) middle school students.
(2) Mozart was not (wasn't) a painter.
10 ③
11 (1) This　(2) Those　(3) this
(4) Those
12 (1) was　(2) Her
13 ④
14 ③
15 ⑤
16 (1) was, am　(2) are, are　(3) was, is

Grammar in Reading   p.46

1 (a) alligators and sharks   (b) turtles

2 ③

바다의 세계로 놀러오지 않으시겠습니까? 한국에서 제일 큰 해상공원을 보실 수 있습니다. 여기서 많은 종류의 바다 생물들을 만날 수 있습니다. 파란 수족관에는 5마리의 악어와 3마리의 상어가 있습니다. 그것들은 날카로운 이빨을 가지고 있습니다. 빨간 수족관에서는 10마리의 문어와 많은 해파리를 볼 수 있습니다. 이 해파리들은 매우 위험합니다. 그것들은 독을 가지고 있습니다. 흰색 수족관에는 20마리의 거북이가 있습니다. 그것들은 매우 느리고 늙었습니다. 다른 수족관에도 더 많은 바다 동물들이 있습니다. 우리는 여러분들이 바다세계에 온 것을 즐기기 바랍니다.

Super Speaking   p.47

A **1** A: Are they pencils?
           B: No, they aren't. They are shoes.
    2 A: Is he a basketball player?
           B: No, he isn't. He is a soccer player.

B **1** A: What is that? Is it an MP3 player?
           B: No, it's a smartphone.
    2 A: What are those? Are they oranges?
           B: No, they're watermelons.

실전 서술형 평가 문제 (모범 답안)   p.48

A (1) Is she a   (2) she isn't   (3) a figure skater
    (4) Is she   (5) No, she isn't.   (6) She is from Korea.

B **1** this / It is her car. The car is hers.
    2 these / They are his ice-skates. The ice-skates are his.
    3 this / It is their digital camera. The digital camera is theirs.

C **1** A: Were Jason and Susan at a post office yesterday?
           B: No, they weren't. They were at a library.
    2 A: Was Laura at a library yesterday?
           B: No, she wasn't. She was at home.
    3 A: Was Jamie at the stadium yesterday?
           B: No, she wasn't. She was at school.

Chapter 2
명사와 관사

Unit 1 • 기본기 탄탄 다지기   p.52

1 (1) hospital, nose   (2) place, gift   (3) city, car, subway
   (4) story, book   (5) bicycle, bank

2 (1) 보   (2) 집   (3) 추   (4) 추   (5) 보   (6) 물
   (7) 물   (8) 물   (9) 고

Unit 2 • 기본기 탄탄 다지기   p.53

1 (1) X, O   (2) X, O   (3) X, O   (4) O, O   (5) O, X

2 (1) dishes, boys, babies   (2) doctors, wolves, ladies
   (3) houses, leaves, heroes   (4) maps, pencils, foxes

Unit 3 • 기본기 탄탄 다지기   p.54

1 (1) U   (2) C   (3) U   (4) U   (5) C   (6) C

2 (1) teeth   (2) feet   (3) women   (4) children   (5) mice   (6) geese

3 (1) pieces   (2) loaves   (3) tubes   (4) coffee

서술형 기초 다지기 ❶   p.55

1 (1) babies   (2) books   (3) teeth

2 (1) girls → girl   (2) childs → children   (3) country → countries

3 (1) feet   (2) coffee   (3) dishes   (4) Oranges   (5) meat

4 ④

5 ⑤

6 (1) four bowls of rice   (2) two pairs of sneakers   (3) ten fish

7 (1) A woman is   (2) dictionaries are   (3) Sheep are

8 (1) cup   (2) slices   (3) glass   (4) bottles

9 ④

Oral Test   p.57

2 (1) 보통   (2) 집합   (3) 고유   (4) 물질   (5) 추상

3 a(an), -s, -es

4 a(an), -s, -es, 대문자, 복수

Unit 4 • 기본기 탄탄 다지기   p.58

1 셀 수 있는 명사

2 (1) a   (2) an   (3) an   (4) a   (5) an
   (6) an   (7) an   (8) a   (9) an

3 (1) a   (2) X   (3) X   (4) a   (5) X
   (6) X   (7) X   (8) X   (9) X

Unit 5 • 기본기 탄탄 다지기   p.59

1 (1) A, the   (2) a, The   (3) an, The

2 (1) the   (2) The, the   (3) the   (4) The   (5) X   (6) X

Unit 6 • 기본기 탄탄 다지기   p.60

1 (1) The   (2) X   (3) X   (4) the   (5) The   (6) X

2 (1) the flute   (2) squash   (3) Australia
   (4) science   (5) soccer   (6) dinner
   (7) Spanish

서술형 기초 다지기 ❷   p.61

1 (1) an   (2) X   (3) An

2 (1) a, an   (2) a, an   (3) a, an   (4) a, an   (5) an, a   (6) a, a

3 (1) a new computer   (2) four hours a day

4 ②

5 (1) a   (2) X

6 a, an, the

7 (1) the   (2) X   (3) a   (4) The, the   (5) a, The

8 ③

Oral Test   p.63

1 하나

2 an

3 (1) 복수명사   (2) 고유명사   (3) 셀 수 없는 명사

174

| 4 | We will buy two cartons(packs) of milk tomorrow. |
| 5 | We will buy two sheets(pieces) of paper tomorrow. |

C	1	the guitar
	2	TV
	3	lunch
	4	the capital
	5	school

중간 · 기말고사 p.64

1 ②

2 ⑤

3 (1) Six students   (2) two slices of pizza   (3) three dogs

4 (1) They are honest women.

   (2) In autumn, the leaves are yellow and red.

5 have a question

6 ④

7 ②

8 ⑤

9 ②

10 (1) ladys → ladies   (2) wifes → wives

11 (1) the   (2) The

12 ④

13 ②

14 ③

15 (1) an   (2) the

16 ③

17 ①

Grammar in Reading p.66

1 ⑤

2 seasons, flowers, leaves

3 The(the)

한국은 일년에 4계절이 있다. 날씨는 매우 좋다. 봄은 3월에 시작한다. 봄에는 날씨가 더 따뜻하고 식물들은 다시 자라기 시작한다. 많은 꽃들은 피어나고, 잔디가 자란다. 여름은 봄 다음에 온다. 여름에는 매우 덥다. 가끔 비가 많이 온다. 우리는 해변에서 놀고 바다에서 수영을 한다. 가을에는 날씨가 맑고 시원해진다. 나뭇잎들은 단풍이 든다. 많은 다양한 과일들이 있다. 겨울은 한 해의 마지막 계절이다. 겨울에는 춥고 바람이 분다. 눈이 많이 온다. 우리는 겨울에 스키와 스케이트를 타러 간다. 한국의 계절은 항상 똑같지 않다.

Super Speaking p.67

A 1 A: What does your father do for a living?

    B: He is a firefighter.

2 What does your aunt do for a living?

    B: She is an English teacher.

B 1 A: What do you usually have for breakfast?

    B: I usually have a hamburger with a bottle of juice.

2 A: What do you usually have for breakfast?

    B: I usually have a doughnut with a cup of green tea.

실전 서술형 평가 문제 (모범 답안) p.68

A 1 I will buy a (school) bag.

2 I will buy some(five) notebooks.

3 I will buy a pencil case.

4 I will buy a pair of running shoes.

5 I will buy an eraser.

6 I will buy a school uniform.

B 1 We will buy two bottles of water tomorrow.

2 We will buy two loaves of bread tomorrow.

3 We will buy four oranges tomorrow.

Chapter 3
일반동사

Unit 1 • 기본기 탄탄 다지기 p.72

1 (1) go   (2) go   (3) goes   (4) goes

   (5) goes   (6) go   (7) go   (8) go

Unit 2 • 기본기 탄탄 다지기 p.73

1 (1) watches, catches, teaches   (2) washes, pushes, finishes

   (3) mixes, fixes, boxes   (4) does, goes

   (5) has

Unit 2 • 기본기 탄탄 달래기 p.74

I / You / We / They	He / It / She / Tom
laugh	laughs
learn	learns
like	likes
meet	meets
touch	touches
mix	mixes
kiss	kisses
brush	brushes
help	helps
cry	cries
buy	buys
study	studies
have	has
enjoy	enjoys
try	tries

2 (1) do   (2) has   (3) runs   (4) pass   (5) cries   (6) drives

   (7) sing   (8) work   (9) walk   (10) flies

서술형 기초 다지기 ❶ p.75

1 (1) has   (2) likes   (3) knows   (4) washes   (5) teaches

   (6) plays   (7) goes   (8) makes   (9) comes

2 (1) need   (2) studies   (3) plays

3 (1) play   (2) speak   (2) goes   (4) read

4 (1) Sunny likes   (2) He wants   (3) They play

   (4) Tom works

5 (1) go → goes   (2) work → works   (3) come → comes

6 (1) plays   (2) goes   (3) washes

7 (1) finishes   (2) studies   (3) runs   (4) has

8 (1) studies   (2) listens   (3) goes   (4) have   (5) says   (6) cry

   (7) plays

Oral Test   p.77

1 일반동사

2 go, go, go, goes, goes, goes

3 3인칭 단수

   -es, goes, passes, watches, washes, fixes

   -es, studies, cries, tries, marries

   plays, buys, says, enjoys

   has

Unit 3 ● 기본기 탄탄 다지기   p.78

1 -d, -ed

2 ②

Unit 4 ● 기본기 탄탄 다지기   p.79

1 (1) walked   (2) loved   (3) stopped   (4) played   (5) carried

   (6) washed   (7) moved   (8) jumped   (9) studied   (10) danced

Unit 5 ● 기본기 탄탄 다지기   p.80

1 (1) forgot   (2) built   (3) stayed   (4) saw   (5) swam   (6) thought

2 (1) visited   (2) became   (3) ate   (4) studied   (5) met   (6) spent

   (7) taught

서술형 기초 다지기 ❷   p.81

1 (1) took   (2) came   (3) ate   (4) had

2 was, cleaned, washed, ate, played, was, had

   ② → ① → ④ → ③

3 (1) studied   (2) went   (3) plays   (4) brushes

4 (1) looked   (2) walked   (3) liked   (4) loved   (5) cried

   (6) studied   (7) stopped   (8) got   (9) met   (10) ate

5 (1) washes   (2) loved   (3) helped   (4) sent

6 ⑤

7 (1) [t]   (2) [t]   (3) [d]   (4) [d]   (5) [id]

Oral Test   p.83

1 -(e)d

2 대부분의 동사: -(e)d, showed, helped

   -e로 끝나는 동사: d만, liked, lived

   『자음 + y』로 끝나는 동사: y를 i로, studied, cried

   『모음 + y』로 끝나는 동사: 그대로 -ed만, played, enjoyed

   『단모음 + 단자음』으로 끝나는 동사: 자음 철자를 한번 더, stopped, planned

3 went, began, ate

   came, became, bought

   lost, sat, met

   sang, did, made

   ran, wrote, found

Unit 6 ● 기본기 탄탄 다지기   p.84

1 don't, doesn't

2 (1) don't / sing   (2) doesn't / come   (3) don't / know   (4) don't / do

Unit 7 ● 기본기 탄탄 다지기   p.85

1 (1) Does / walk   (2) Does / run   (3) Do / stay

   (4) Does / clean   (5) Do / watch

Unit 8 ● 기본기 탄탄 다지기   p.86

1 (1) wake   (2) play   (3) didn't   (4) Did

2 (1) Did Christina(she) visit the museum / she did

   (2) Did Eun-seon(she) buy a notebook / she didn't(did not)

   (3) Did they leave for America / they did

서술형 기초 다지기 ❸   p.87

1 (1) doesn't brush   (2) don't exercise   (3) don't play

2 (1) Did you take a tennis lesson yesterday morning?

   (2) Does Dennis come form Canada?

   (3) My sister doesn't love horror films.

3 (1) He did not(didn't) meet Sarah on the street.

   (2) Fred did not(didn't) swim in the sea.

   (3) I did not(didn't) buy a book yesterday.

4 (1) Did you write a love letter?

   (2) Did they eat ice cream for dessert?

   (3) Did she use a pencil on the test?

5 (1) didn't go / went   (2) didn't swim / swam

   (3) didn't visit / visited   (4) didn't ride / walked

6 (1) enjoy   (2) like   (3) went   (4) didn't want

   (5) Did   (6) Does

Oral Test   p.89

1 do not (don't), does not (doesn't)

2 Does, like

3 did not (didn't), did not (didn't)

4 동사원형, buy

중간 · 기말고사   p.90

1 (1) doesn't   (2) sleep   (3) Did   (4) did

2 (1) went   (2) took   (3) made   (4) sent

3 ②

4 ⑤

5 ④

6 ⑤

7 had

8 Does / does

9 ⑤

10 ④

11 ②

12 (1) read   (2) traveled   (3) ate   (4) stayed   (5) watched

13 ①

14 ③

15 ③

Grammar in Reading
p.92

1 ④, ⑤

2 ⑤

David (영어 선생님)
Mr. David는 키가 작고 대머리셔. 그는 매우 좋은 분이셔. 축구를 좋아하시지. 우리는 그의 함박웃음을 좋아해. 그의 별명은 "Mr. Happy Guy"야.

주미선 선생님 (수학 선생님)
주선생님은 30살이고 미혼이셔. 매우 예쁘신데. 당신께서도 그것을 아셔. 그녀의 별명이 무엇인지 알겠니? 맞아, "Princess"야.

김민호 선생님 (음악 선생님)
김선생님은 춤을 잘 추셔. 또한 노래도 잘 하시지. 그의 별명은 "Rain"이야. 그가 비처럼 생겼을까? 아니야. 그는 매우 못생겼어.

Super Speaking
p.93

A **1** A: Does Justin read a newspaper?
  B: No, he doesn't. He reads a comic book.
2 A: Does Rachel study Japanese?
  B: No, she doesn't. She studies English.
B **1** A: What did Sunny do yesterday?
  B: She watched a movie on TV.
2 A: What did Nancy do yesterday?
  B: She worked at a broadcasting station.

실전 서술형 평가 문제 (모범 답안)
p.94

A **1** Q: Does Bill listen to music in the evenings?
  A: Yes, he does.
2 Q: Does Betty listen to music in the evenings?
  A: Yes, she does.
3 Q: Does Bill go shopping in the evenings?
  A: No, he doesn't.
4 Q: Does Betty go shopping in the evenings?
  A: Yes, she does.
5 Q: Does Bill do homework in the evenings?
  A: Yes, he does.
6 Q: Does Betty do homework in the evenings?
  A: Yes, she does.
7 Q: Does Bill have an English lesson in the evenings?
  A: No, he doesn't.
8 Q: Does Betty have an English lesson in the evenings?
  A: No, she doesn't.
B **1** Olivia (She) met her friend last Tuesday.
2 Olivia (She) listened to music on the radio last Wednesday.
3 Olivia (She) went to a party with friends last Thursday.
4 Olivia (She) went to the movies last Friday.
5 Olivia (She) bought a winter coat last Saturday.
C **1** Brian plays soccer. He doesn't watch news reports.
2 Lisa and Kevin learn yoga. They don't eat fast food.
3 Alex flies model planes. He doesn't brush his teeth.
4 The children walk to school. They don't take a bus to school.

Chapter 4
의문사

Unit 1 ● 기본기 탄탄 다지기
p.98

1 (1) ③ (2) ① (3) ②

Unit 2 ● 기본기 탄탄 다지기
p.99

1 (1) Who (2) Whose (3) Who (4) Who (5) Whose

Unit 3 ● 기본기 탄탄 다지기
p.100

1 (1) Which (2) What (3) Which (4) What
2 (1) Who visited her?
  (2) What did they do?
  (3) Which do you prefer, tea or coffee?

서술형 기초 다지기 ❶
p.101

1 ②
2 ③
3 (1) What (2) Whose (3) Which (4) Who
4 (1) He has (2) are watching (3) Whose (4) Which
5 Whose / Who
6 (1) Who (2) Who (3) What (4) What
7 (1) Who (2) What (3) Who
8 (1) Julia (2) jogs in the park (3) Who (4) What

Oral Test
p.103

1 의문사
2 Who, Whose, What, Which

Unit 4 ● 기본기 탄탄 다지기
p.104

1 (1) When / visited (2) Where / He, lives
2 (1) When (2) Where (3) When (4) Where

Unit 5 ● 기본기 탄탄 다지기
p.105

1 (1) When (2) Why (3) When (4) Why (5) Where

Unit 5 ● 기본기 탄탄 달래기
p.106

1 (1) When (2) Why (3) Where (4) Why
2 (1) Where (2) Why (3) When (4) Where
  (5) Why (6) When
3 (1) Why do you write a letter to Jason?
  (2) Where does Jason play soccer after school?
  (3) Where does your father wash the car?
  (4) When does the man smile at you?

서술형 기초 다지기 ❷　　　　　　　　p.107

1 (1) Where　(2) When　(3) When　(4) Why　(5) Where
2 (1) When　(2) Why　(3) Where
3 (1) Where　(2) Why　(3) When
4 (1) Where is your house?
　　(2) When does your class begin?
　　(3) Why are you so happy?
5 ②
6 ④
7 Where / Why / What

Oral Test　　　　　　　　　　　　　p.109

1 시각, 날짜
2 장소, 위치
3 이유, 원인

Unit 6 ● 기본기 탄탄 다지기　　　　　p.110

1 있는, 없는
2 (1) many　(2) much　(3) many　(4) many　(5) much

Unit 7 ● 기본기 탄탄 다지기　　　　　p.112

1 long / tall / often / old / far
2 (1) old　(2) tall　(3) often　(4) far　(5) far
3 (1) How old　(2) How tall　(3) How long　(4) How often　(5) How far

서술형 기초 다지기 ❸　　　　　　　　p.113

1 (1) much　(2) many　(3) old
2 (1) How　(2) How　(3) How many　(4) How often
3 (1) b　(2) a　(3) d　(4) c
4 ⑤
5 (1) How often / He plays　(2) How long / It takes
　　(3) How much / He has
6 (1) pencils / does　(2) food / want
　　(3) How many / does　(4) classes / have
　　(5) How much / do
7 (1) tall　(2) much　(3) many　(4) long
8 (1) ④　(2) ②　(3) ③　(4) ①

Oral Test　　　　　　　　　　　　　p.115

1 어떻게
2 셀 수 있는, 셀 수 없는
3 How long~?, How tall~?, How often~?, How old~?, How far~?

중간·기말고사　　　　　　　　　　　p.116

1 ④
2 ①
3 ④
4 ③
5 ③
6 b − a − d − c
7 ②
8 goes shopping on Sunday
9 goes to the movies on Friday
10 watches the soccer game on Sunday
11 goes to the concert on Friday
12 (1) What　(2) Who　(3) Where　(4) Who　(5) What　(6) Where
13 ③
14 (1) b　(2) c　(3) a　(4) d

Grammar in Reading　　　　　　　　p.118

1 (A) Which　　　　　　(B) Why
2 즐겁게 축구를 하며 뛰어노는 그림 or 운동장에서 아이들이 축구를 하고 있음

Sunny: 너는 어느 그림이 가장 좋아?
Jason: 음. 나는 이것이 가장 잘 그린 그림이라고 생각해.
Sunny: 왜 그렇게 생각해?
Jason: 그림에 있는 별들이 매우 아름다워. 밤이긴 하지만 별 때문에 전체적인 그림이 매우 밝아. 마치 춤추고 움직이는 듯 보여.
Sunny: 맞아, 그림 속에는 매우 아름다운 밤이야. 나는 저기에 있는 그림이 좋아.
Jason: 왜 그 그림이 좋아?
Sunny: 왜냐하면 나는 미래에 축구선수가 되고 싶거든. 그리고 그 그림에 있는 아이들이 꼭 나처럼 보여.

Super Speaking　　　　　　　　　　p.119

A 1 A: Whose running shoes are these?
　　　B: They are Ted's running shoes.
2 A: Whose car is this?
　　　B: It is my parents' car.
B 1 A: Who is he?
　　　B: He is my friend.
　　　A: What is he?
　　　B: He is a student.
　　　A: Where is he from?
　　　B: He is from Italy.
2 A: Who is she?
　　　B: She is Jessica Andrews.
　　　A: What is she?
　　　B: She is an actress.
　　　A: Where is she from?
　　　B: She is from England.

실전 서술형 평가 문제 (모범 답안)　　　p.120

A 1 How do you go to school?
2 When does the movie start?
3 Why do you study English?
4 Where do kangaroos live?
B 1 Q: How many eggs does he eat?
　　　A: He eats four eggs.
2 Q: How many slices of bread does he eat?
　　　A: He eats six slices of bread.
3 Q: How much butter and cheese does he put on bread?
　　　A: He puts a lot of butter and cheese on bread.
4 Q: How much cereal does he eat?
　　　A: He eats a big bowl of cereal.
5 Q: How many doughnuts does he eat?
　　　A: He eats four doughnuts.
6 Q: How much money does he spend?
　　　A: He spends a lot of money.
C 1 When did you see her?

2 Where did you see her?

3 What did she read?

4 How did she look?

5 What did she say?

6 When did she come home?

Chapter 5
조동사

Unit 1 ● 기본기 탄탄 다지기　　　　　p.124

1 (1) change　(2) study　(3) use

2 (1) ride　(2) ride　(3) ride　(4) rides

　(5) ride　(6) ride　(7) ride

Unit 2 ● 기본기 탄탄 다지기　　　　　p.125

1 (1) can　(2) can't　(3) can't

2 (1) is / walk　(2) are / wash　(3) is / dance　(4) are / borrow

　(5) are / play

Unit 3 ● 기본기 탄탄 다지기　　　　　p.126

1 (1) 추측　　　　　(2) 허락

2 (1) Karen이 파티에 올지도 모른다.

　(2) 주문을 받아도 될까요?(주문하시겠어요?)

서술형 기초 다지기 ❶　　　　　p.127

1 (1) 너는 내 옆에 앉아도 된다.

　(2) 그 책은 재미있을지도 모른다.

　(3) 그 아기는 잘 걸을 수 있다.

　(4) 그녀는 지금 TV를 보고 있을지도 모른다. (봐도 된다)

2 (1) sing　(2) to solve　(3) may　(4) may not

3 (1) 추측　(2) 추측　(3) 추측　(4) 허락

　(5) 추측

4 (1) can't(cannot) sleep　　　(2) can't(cannot) eat

　(3) can't(cannot) decide　　　(4) can't(cannot) go

　(5) can't(cannot) find

5 (1) You can't(cannot) use my computer.

　　Can I use your computer?

　(2) He may not drive a car.

　　May he drive a car?

6 (1) can't　(2) May　(3) she isn't

7 ④

Oral Test　　　　　p.129

1 조동사

2 (1) 동사원형　(2) 절대 변하지 않습니다.　(3) not

3 be able to

4 ~일지도 모른다, ~해도 좋다

Unit 4 ● 기본기 탄탄 다지기　　　　　p.130

1 (1) visit　(2) draw　(3) wear

　(4) closes　(5) love　(6) go

2 (1) will go　(2) will get up　(3) will open

Unit 5 ● 기본기 탄탄 다지기　　　　　p.131

1 (1) am, play　(2) are, fly　(3) is, meet

　(4) are, do　(5) are, clean　(6) are, go

Unit 6 ● 기본기 탄탄 다지기　　　　　p.132

1

긍정문	부정문	의문문
I will go.	I will not(won't) go.	Will I go?
You will go.	You won't go.	Will you go?
He will go.	He won't go.	Will he go?
She will go.	She won't go.	Will she go?
I am going to go.	I'm not going to go.	Am I going to go?
She is going to go.	She isn't going to go.	Is she going to go?
They will go.	They won't go.	Will they go?

서술형 기초 다지기 ❷　　　　　p.133

1 ①

2 ②

3 (1) He won't(will not) take care of his parents.

　(2) Will Jason invite Mary to his birthday party?

　(3) Is Karen going to read the books tomorrow?

　(4) The dog won't(will not) be 5 years old next year.

　(5) Will your sister skate?

4 (1) Will you have　　　(2) am going to read

5 (1) will　　　　　　　(2) won't

　(3) are you going to　　(4) is not going to

6 (1) are / have　　　　(2) is / study

　(3) is / play　　　　　(4) is / watch

　(5) are / do

7 (1) playing → play

　(2) are going not to → are not going to

　(3) Are → Is

8 (1) Is Jane(she) going to play tennis? / she is

　(2) He is not going to wait for me after school.

　(3) Roy and Christina(They) are not going to watch movies.

　(4) Is Eun−seon(she) going to play the guitar? / she isn't

Oral Test　　　　　p.135

1 will, be going to

2 (1) will　　　　　　(2) Will

3 (1) am going to　　(2) are going to

4 not, not

5 Will, be동사

Unit 7 ● 기본기 탄탄 다지기　　　　　p.136

1 (1) go　　　　　(2) be

2 (1) must　(2) must not　(3) must leave

　(4) change　(5) must be　(6) must be

Unit 8 • 기본기 탄탄 다지기   p.137

1 (1) must   (2) has   (3) must not
   (4) don't have to   (5) must be

Unit 9 • 기본기 탄탄 다지기   p.138

1 (1) should   (2) better   (3) had
2 (1) should   (2) shouldn't   (3) should
   (4) should   (5) shouldn't

서술형 기초 다지기 ❸   p.139

1 (1) draws → draw   (2) don't must → must not
   (3) must cut not → must not cut   (4) has → have
   (5) helping → help
2 (1) must run   (2) should be quiet
   (3) must not smoke
3 (1) have to wash clothes by hand
   (2) must not park here
   (3) He should go to bed
   (4) had better go to class in time
4 (1) better   (2) should   (3) doesn't have to
5 (1) The ice cream must be good.
   (2) I should go to work early.
   (3) I have to study hard for the final exam.
6 ⑤
7 (1) must not hit   (2) doesn't have to
   (3) must not throw   (4) doesn't have to

Oral Test   p.141

1 (1) ~해야 한다   (2) ~임에 틀림없다   (3) ~해서는 안 된다
2 (1) have to, had to, will have to   (2) don't(doesn't) have to
3 (1) ~하는 게 좋다   (2) ~해야 한다
4 (1) have to   (2) should

중간 · 기말고사   p.142

1 ④
2 ④
3 ③
4 ②
5 ②
6 (1) You don't have to clean your room.
   (2) She cannot be a lawyer.
   (3) Does Bob have to solve the problem again?
7 (1) don't have to   (2) go   (3) cannot
8 ①
9 ③
10 ④
11 ⑤
12 ①
13 ⑤
14 ②
15 ①

Grammar in Reading   p.144

1 ②
2 ⑤

지구라고 불리는 우리의 행성이 특별한 날을 맞았습니다. 그것은 당신의 생일과도 같습니다. 우리는 매년 4월 22일에 지구의 날을 축하합니다. 우리는 지구를 돌봐야 합니다. 우리는 마실 깨끗한 물이 필요합니다. 우리는 공해로부터 우리의 강과 호수와 연못을 지켜야 합니다. 우리는 세계를 아름답게 만들기 위해 쓰레기를 깨끗이 치워야 합니다. 우리 모두는 우리의 지구를 깨끗이 지키는 것을 도울 수 있습니다. 우리의 집에, 학교에, 이웃에 있는 쓰레기를 깨끗이 치움으로써 지구를 지킵시다.

Super Speaking   p.145

A 1 A: Can I bring my cell phone to school?
   B: Yes, you can bring your cell phone to school. But you can't use your phone in class.
2 A: Can I have my MP3 player to school?
   B: Yes, you can have your MP3 player to school. But you can't listen to music in class.
B 1 A: What are you going to do this weekend?
   B: I'm going to go hiking with my family.
2 A: What are you going to do this weekend?
   B: My friend and I are going to go swimming.

실전 서술형 평가 문제 (모범 답안)   p.146

A 1 I can eat with chopsticks. / I can't eat with chopsticks.
2 I can see without glasses. / I can't see without glasses.
3 I can stand on my head. / I can't stand on my head.
4 I can ride a bicycle. / I can't ride a bicycle.
5 I can speak English. / I can't speak English.
6 I can play a musical instrument. / I can't play a musical instrument.
B 1 You mustn't smoke (here).
2 You mustn't touch.
3 You mustn't use your (cell) phone (here).
4 You mustn't ride a bicycle (here).
5 You mustn't take pictures (here).
6 You mustn't swim (here).
C 1 Olivia should wash her hands. / Olivia should wash the vegetables.
   / Olivia shouldn't use the vegetables until she washes them.
2 Kevin shouldn't work so hard. / Kevin should go to bed.
3 Peter should go to bed early. / Peter shouldn't get up late.
   / Peter shouldn't be late for school.
4 Tom should eat something. / Tom should have something to eat.
D 1 Q: Is Lucy going to watch TV next Wednesday?
   A: No, she isn't. She's going to study math.
2 Q: Is Lucy going to have a music lesson next Thursday?
   A: No, she isn't. She's going to clean her bedroom.
3 Q: Is Lucy going to stay at home next Saturday?
   A: No, she isn't. She's going to meet her friends at the movie theater.

Unit 1 ● 기본기 탄탄 다지기   p.152

1 (1) lives   (2) walk   (3) is   (4) goes
(5) is   (6) plays

Unit 2 ● 기본기 탄탄 다지기   p.153

1 (1) left, tried, couldn't, didn't go
(2) had, came, decorated, bought, forgot

Unit 3 ● 기본기 탄탄 다지기   p.154

1 (1) leaves   (2) is   (3) begins   (4) Is   (5) begin
2 (1) comes   (2) is

서술형 기초 다지기 ❶   p.155

1 (1) need   (2) had   (3) flew   (4) look   (5) were
2 (1) didn't go / went   (2) didn't read / read
(3) didn't sleep / slept   (4) didn't do / did
3 ④
4 (1) lives   (2) made   (3) listens   (4) cut   (5) went   (6) came
(7) wrote
5 (1) opens   (2) landed
6 (1) studied   (2) updates   (3) washed
(4) reads   (5) played   (6) downloads

Oral Test   p.157

1 goes
2 (1) 과거, 과거   (3) 과거
3 (2) 현재시제   (3) 현재시제

Unit 4 ● 기본기 탄탄 다지기   p.158

1 진행 중인
2 (1) am / making   (2) are / making   (3) is / studying
(4) is / studying   (5) are / baking   (6) are / baking

Unit 5 ● 기본기 탄탄 다지기   p.159

1 (1) looking / buying   (2) running / studying   (3) visiting / getting
(4) lying / listening   (5) singing / moving   (6) making / dying
(7) crying / standing   (8) sleeping / writing   (9) flying / using

Unit 6 ● 기본기 탄탄 다지기   p.160

1 (1) was eating   (2) were swimming
2 (1) Is she watching   (2) Are they swimming   (3) Was he visiting

서술형 기초 다지기 ❷   p.161

1

	동사원형	−ing형		동사원형	−ing형
1	play	playing	7	work	working
2	love	loving	8	eat	eating
3	come	coming	9	write	writing
4	stop	stopping	10	run	running
5	die	dying	11	get	getting
6	read	reading	12	lie	lying

2 (1) She is(She's) playing the piano.   (2) was she doing
3 (1) are talking   (2) was choosing
(3) am not telling   (4) Is / listening
4 (1) f   (2) a
(3) d   (4) e
(5) c   (6) b
5 (1) doing   (2) playing
(3) am not waiting / waiting   (4) chatting
6 (1) is running   (2) is listening
(3) is wearing
7 ⑤ were waiting → are waiting

Oral Test   p.163

1 (1) be동사 + V−ing   (2) 인칭과 수
2 playing, reading, working, loving, coming, writing, stopping, running, cutting, dying, lying, tying
3 (1) snowed   (2) was snowing

중간 · 기말고사   p.164

1 ④
2 ②
3 ⑤
4 (1) was going   (2) was jogging   (3) was washing
(4) was walking   (5) was having   (6) was having
5 (1) goes skiing   (2) takes a shower   (3) watched
6 ②
7 ⑤
8 ⑤
9 ③
10 Where are you going now?
11 Karen is waiting for me in the library.
12 ⑤
13 ②
14 ④
15 I was listening to music.
16 They are talking on the phone.

Grammar in Reading   p.166

1 are / doing / am / surfing / are / asking / am / going
are / taking / are / going / am / staying
2 ⑤

Sunny: 안녕, Josh, 나야. Sunny! 뭐하고 있어?
Josh: 안녕, Sunny. 음. 난 인터넷 서핑하고 있어. 왜 물어보는데?
Sunny: 나 파티에 갈 거야. 너도 나랑 같이 갈래? Tom이랑 내가 댄스 경연대회 나
       갈 거야.
Josh: 나도 가고 싶지만 우리 부모님이 외출하셔서 집에 남동생이랑 있을 것 같아.
       그래서 집에 있어야 해. 파티에서 즐겁게 놀다 와.

Super Speaking
p.167

A **1** A: Did Kelly visit her friends last night?

B: No, she didn't. She stayed at home.

2 A: Did Tom clean his room last night?

B: No, he didn't. He played computer games.

B **1** A: Look! The woman is working.

B: No, she isn't working. She is eating a doughnut.

2 A: Look! The boys are playing tennis.

B: No, they aren't playing tennis. They are studying English.

실전 서술형 평가 문제 (모범 답안)
p.168

A **1** Clark usually plays tennis, but today he is playing the violin.

2 Sunny and Charlie usually go rollerblading, but today they are riding their bicycles.

B **1** No, they weren't. They were sleeping.

2 She was brushing her teeth.

3 No, she wasn't. She was playing the guitar.

4 He was studying for a test.

C **1** Yesterday, Peter visited the National Gallery, but he didn't visit his grandparents.

2 Yesterday, Peter studied Korean, but he didn't study Japanese.

3 Yesterday, Peter played basketball, but he didn't play baseball.

4 Yesterday, Peter listened to music on the radio, but he didn't listen to English tapes.

더 디퍼런스
the difference
더 좋은 책을 만들기 위한 남다른 열정